London

ぶらりあるき

ロンドンの博物館

Museum

中村　浩

Hiroshi Namkamura

芙蓉書房出版

大英博物館

大英博物館

大英博物館

ヴィクトリア＆アルバート博物館

ビッグベン

ロンドン塔

トラファルガー広場

帝国戦争博物館

ロンドン交通博物館

ナショナル・ギャラリー

ロンドン博物館

自然史博物館

シャーロック・ホームズ博物館

オックスフォード博物館

バース・ローマ浴場

ストーン・ヘンジ

はじめに

イギリスの博物館の展示内容は館の名称から判断しやすいと思います。絵画などの美術・芸術作品を集めた館には「ギャラリー」という名称がついています。具体的にはナショナル・ギャラリー、テート・ギャラリー、クィーンズ・ギャラリー、ポートレート・ギャラリーという施設です。考古学資料や、自然科学関係の資料などの展示施設は「ミュージアム」という名称です。大英博物館、自然史博物館、科学博物館などがその代表的なものです。

イギリスの国立博物館では入館料を徴収していないところがあるのが特徴です。それらの博物館は入口に募金箱が設置されていて、寄付を求めています。ただし、特別展示については別途入場料を徴収している場合が多いようです。入場料がなしという状況がいつまでも続くのかはわかりませんが、博物館を多く利用する者にとってはありがたい配慮です。

ところで、大英博物館は博物館史上きわめて大きな存在です。イギリス一国のというよりも世界の博物館を代表するものとして認められているといってよいでしょう。

博物館の歴史では、ヨーロッパ型博物館とアメリカ型博物館の創立事情の違いが注目されています。前者が王侯貴族や富豪のような一部の人々の個人コレクションから始まっているのに対して、後者は多くの市民からのコレクション寄贈から博物館の設立が出発しています。ロンドンは中央部のセントラル・ロンドンと、周辺部のアウター・ロンドンに分けられますが、どちらにもたくさんの博物館があります。

本シリーズは、世界各地の博物館を、気楽にぶらっと訪ねるというのがコンセプトです。できるだけ多くの施設や文化遺産を訪ね、博物館の歴史やコレクションについてできる限り丁寧に記述し、堅苦しい内容にならないように心がけました。本書が博物館やそれぞれの地域の歴史を知る旅の参考になれば幸いです。

二〇〇六年五月

中村　浩

ぶらりあるき
ロンドンの博物館

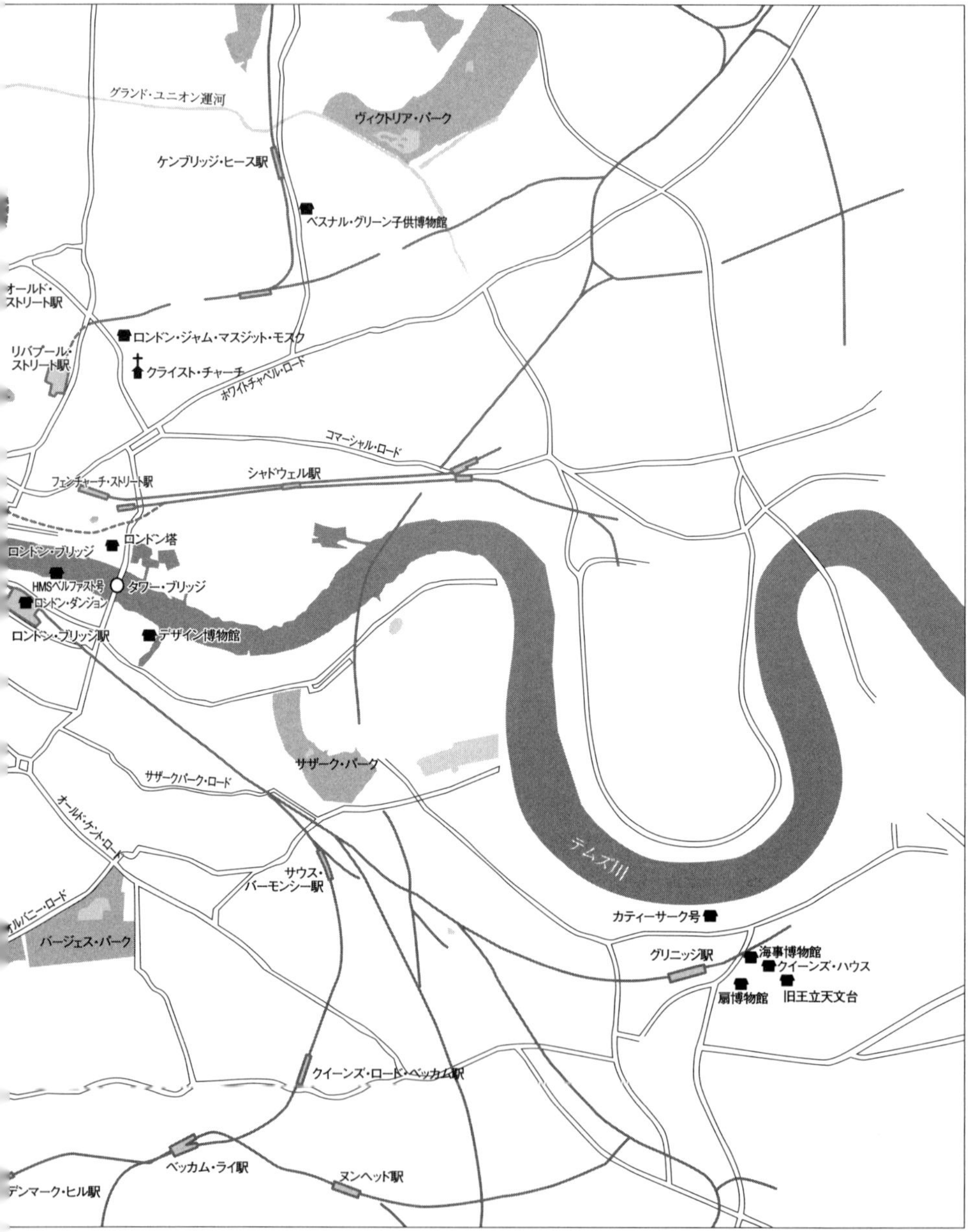
グランド・ユニオン運河
ヴィクトリア・パーク
ケンブリッジ・ヒース駅
ベスナル・グリーン子供博物館
オールド・ストリート駅
ロンドン・ジャム・マスジット・モスク
リバプール・ストリート駅
クライスト・チャーチ
ホワイトチャペル・ロード
コマーシャル・ロード
シャドウェル駅
フェンチャーチ・ストリート駅
ロンドン塔
ロンドン・ブリッジ
HMSベルファスト号
タワー・ブリッジ
ロンドン・ダンジョン
ロンドン・ブリッジ駅
デザイン博物館
サザーク・パーク
サザークパーク・ロード
オールド・ケント・ロード
サウス・バーモンシー駅
アルバニー・ロード
バージェス・パーク
テムズ川
カティーサーク号
グリニッジ駅
海事博物館
クイーンズ・ハウス
扇博物館
旧王立天文台
クイーンズ・ロード・ペッカム駅
ペッカム・ライ駅
ヌンヘッド駅
デンマーク・ヒル駅

ロンドン地図

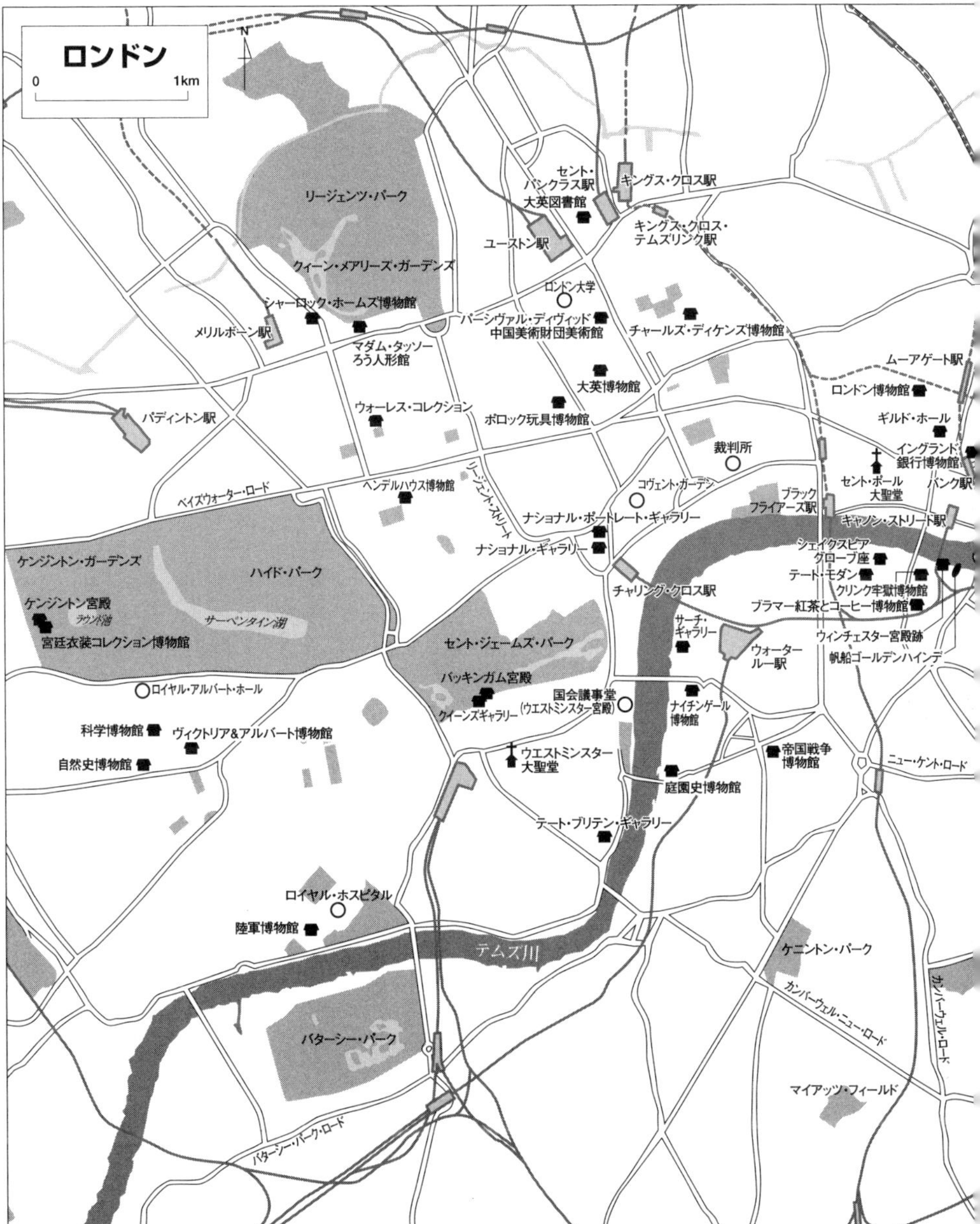

ロンドン
0
1km
N
リージェンツ・パーク
クィーン・メアリーズ・ガーデンズ
シャーロック・ホームズ博物館
メリルボーン駅
マダム・タッソー
ろう人形館
セント・
パンクラス駅
キングス・クロス駅
大英図書館
キングス・クロス・
テムズリンク駅
ユーストン駅
ロンドン大学
パーシヴァル・ディヴィッド
中国美術財団美術館
チャールズ・ディケンズ博物館
ムーアゲート駅
ロンドン博物館
ギルド・ホール
大英博物館
パディントン駅
ウォーレス・コレクション
ポロック玩具博物館
裁判所
イングランド
銀行博物館
セント・ポール
大聖堂
バンク駅
ベイズウォーター・ロード
ヘンデルハウス博物館
リージェント・ストリート
コヴェント・ガーデン
ブラック
フライアーズ駅
キャノン・ストリート駅
ナショナル・ポートレート・ギャラリー
ナショナル・ギャラリー
シェイクスピア
グローブ座
テート・モダン
クリンク牢獄博物館
ブラマー紅茶とコーヒー博物館
ケンジントン・ガーデンズ
ハイド・パーク
ケンジントン宮殿
ラウンド池
サーペンタイン湖
宮廷衣装コレクション博物館
チャリング・クロス駅
サーチ・
ギャラリー
ウォーター
ルー駅
ウィンチェスター宮殿跡
帆船ゴールデンハインデ
セント・ジェームズ・パーク
バッキンガム宮殿
クイーンズギャラリー
国会議事堂
(ウエストミンスター宮殿)
ナイチンゲール
博物館
ロイヤル・アルバート・ホール
科学博物館
ヴィクトリア&アルバート博物館
自然史博物館
ウエストミンスター
大聖堂
帝国戦争
博物館
ニュー・ケント・ロード
庭園史博物館
テート・ブリテン・ギャラリー
ロイヤル・ホスピタル
陸軍博物館
テムズ川
ケニントン・パーク
カンバーウェル・ニュー・ロード
カンバーウェル・ロード
バターシー・パーク
マイアッツ・フィールド
バターシー・パーク・ロード

バース
0 200m
N
アセンブリー・ルームと
コスチューム博物館
ロイヤル・クレッセント博物館
東アジア芸術博物館
郵便博物館
エイヴォン川
バース寺院
ローマ浴場
バース・スパ駅

ケンブリッジ
0 200m
ミッドサマー・コモン
ケンブリッジ民俗博物館
ジーザス・カレッジ
セント・ジョンズ・カレッジ
トリニティ・カレッジ
クレア・カレッジ
イースト・ロード
キングス・カレッジ礼拝堂
クイーンズ・カレッジ
キングズ・パレード
ピーターハウス・カレッジ
フィッツウィリアム博物館
ケンブリッジ駅
ヒルズ・ロード
大学植物園
ロンドン

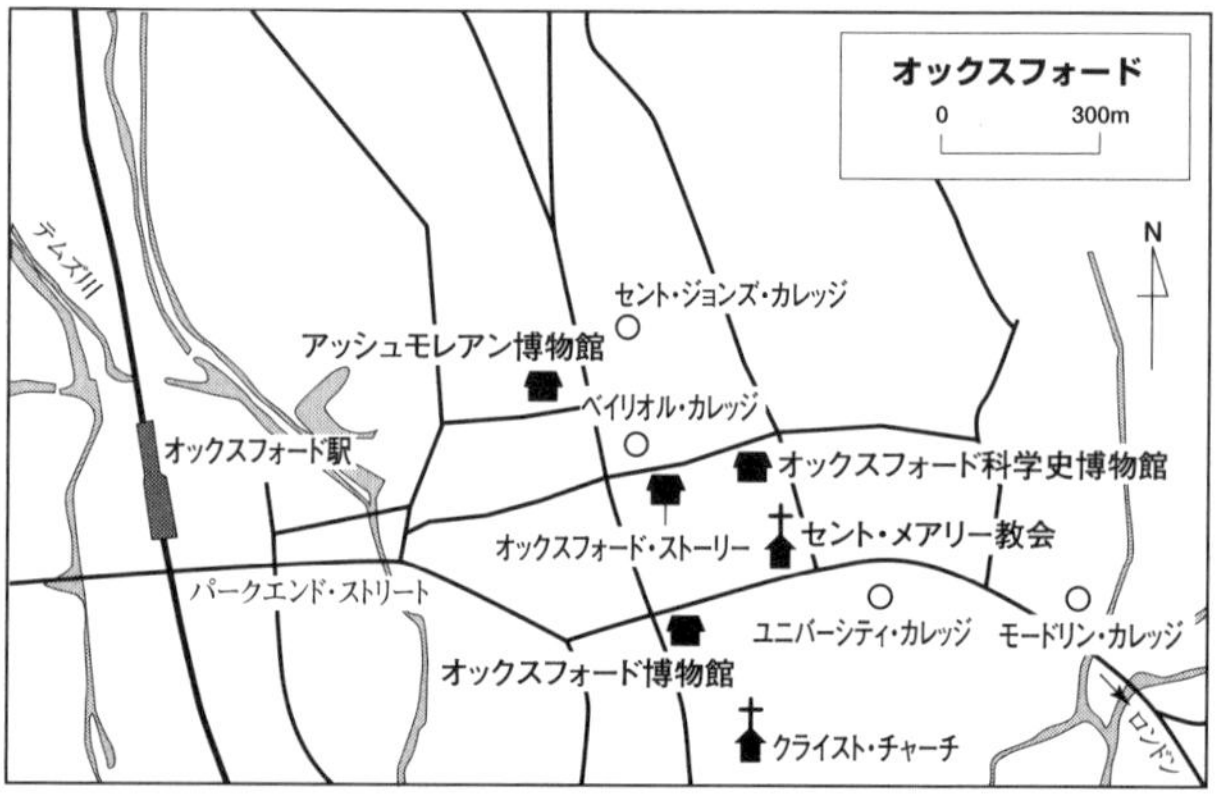
オックスフォード
0 300m
N
テムズ川
セント・ジョンズ・カレッジ
アッシュモレアン博物館
ベイリオル・カレッジ
オックスフォード駅
オックスフォード科学史博物館
オックスフォード・ストーリー
セント・メアリー教会
パークエンド・ストリート
ユニバーシティ・カレッジ
モードリン・カレッジ
オックスフォード博物館
クライスト・チャーチ
ロンドン

イングランド
ケンブリッジ
ウエールズ
オックスフォード
ロンドン
バース
ブリストル水道
ソールズベリ
ドーヴァー海峡
ワイト島
イギリス(ラ・マンシュ)海峡

1 イギリス(ロンドン)の歴史を知る

ロンドン塔
ジュエル・ハウス
バッキンガム宮殿
ウェストミンスター宮殿
ケンジントン宮殿
ウェストミンスター寺院
セント・マーガレット教会
セント・ポール大聖堂
ロンドン博物館
ナショナル・ポートレート・ギャラリー
イングランド銀行博物館
カティサーク号博物館
大英図書館

イギリスは、周囲を海に囲まれており、ヨーロッパの中でも他の国々とは異なる独自の歴史と伝統を育んできました。とくに女王の国として王室の伝統も現在に続いています。

第二次大戦中には、ドイツ軍の空爆により多くの被害を被りました。しかし歴史的建造物などの文化遺産が多数残されています。それらの中でロンドンの歴史を知るための博物館、歴史遺産を紹介します。

ロンドン塔

Tower of London

⬇地下鉄タワー・ヒル駅

■北から見たロンドン塔

ロンドン塔は、世界遺産に登録されています。三方が幅の広い壕、一方がテムズ川に囲まれており、外敵の侵入を防いでいる城塞施設といえます。入口に立つと、苔むした石積みの城壁や周囲の濠などから歴史と伝統を感じさせます。

中庭にはカラスが飼育されています。近年、東京や大阪などの都市部でカラスが問題になっています。生ごみを散乱させたり、人に危害を加えたりするということで、自治体も住民も困っていますが、ロンドンでは少し状況が違うようです。カラスがこの城からいなくなると王統が絶えるという伝説が昔からあるのです。

ロンドン塔の始まりについてはいくつかの説があるようです。もっとも有力な説は、紀元前五〇年頃にロンドンに侵入したユリウス・カエサル率いるローマ軍が、タワー・ヒルに構築した要塞が最初であるというものです。

やがて一〇六六年、ウィリアム一世が国王となりノルマン朝を開きます。このウィリアム一世が一〇七八年に、ローマ軍の要塞の跡地にロンドン塔の本丸に該当する木造の塔を建築しました。

塔は、その堅牢な構造から長い間、獄舎として用いられてきました。しかし十二世紀はじめに、幽閉されていたダラムの司教が脱出に成功したことから、外壁が二重にされたり、周囲に堀が掘られたりして、より堅牢な構造を備えた城塞となりました。

ヘンリー三世が、神聖ローマ帝国皇帝からヒョウを三頭贈られたことに由来して王室動物園の歴史が始まります。さらにノルウェー王からはホッキョクグマ、フランス王ルイ九世からは象やライオンという珍しい動物が贈られました。これらの動物を飼育し、公開する施設として王室動物園は、ロンドンっ子たちに人気を博したようです。

エドワード一世の時代には、城壁の高さが二七メートル、厚さが最大四・五メートルというイギリス一の城塞建造物となったのです。その後も王室の居城、監獄、処刑場、貨幣鋳造所、宝物保管所、天文台、動物園などさまざまな用途を持つ施設として、長い歴史の中を経過してきました。

エリザベス一世は、一五三三年九月にヘンリー八世と王妃アン・ブーリンの間に誕生しました。しかし彼女

■ロンドン塔（ウォーターレーン）

■ロンドン塔から脱出した人物

一六一〇年にロンドン塔から脱出した人物がいます。ウィリアム・シーモアという人です。彼はジェームス一世の後継女王候補者アラベラ・スチュアートに秘密結婚をとがめられて入獄していました。彼は城内に干草や薪を運び込む運送屋に目をつけて、かつら、あごひげ、帽子、衣装を差し入れさせます。やがて打ち合わせた日、御者に変装したシーモアが手綱を握り、運送屋は荷物に隠れて場外に逃げのびたのです。

■テムズ川に開かれた水門（トレイターズ・ゲート）

■中世城壁の痕跡

■ロンドン塔、新武器庫、ホスピタルブロックの建物

を取り巻く環境は厳しく、男子誕生を期待していた王をはじめとする宮廷の人々から疎まれたのです。またアン王妃も宮廷の勢力抗争から、不貞の疑いをかけられ、非業の死を遂げています。

この当時の宮廷は異常としか言いようがありませんでした。ヘンリー八世の五番目の王妃キャサリン・ホワードもロンドン塔に消えています。やがてヘンリー八世が亡くなり、エリザベスの弟エドワード六世が即位しますが、十五歳という若さで病没します。そして異母姉のメアリーが王座に就いたのです。このメアリーによってエリザベスは謀反の罪をきせられ、ロンドン塔に投獄されました。やがてここから出たエリザベスがロンドン塔に再び帰ったのは、女王としての戴冠式に臨んだときのことでした。

ロンドン塔への幽閉、投獄は第二次世界大戦の時代まで続いていました。最後の投獄者はナチスドイツの副党首ルドルフ・ヘスでした。彼は、終戦までの五年間をここで過ごし、戦後は戦争犯罪人として終身刑に処せられ、一九八七年九三歳で死去しました。

現在のロンドン塔は、ロンドン塔常駐司令官を長とする国王衛士によって護られています。国王衛士は十四世紀以来の伝統をもち、ヨーマン・ウォーダー(愛称ビーフイーター)と呼ばれています。

ロンドン塔では、正面入口のミドル・タワーからバイワード・タワーをへてウォーターレーンを通って、セント・トマス・タワーのテムズ川に開かれた水門であるトレイターズ・ゲートを見学します。次にウェイクフィールド・タワーの獄舎を見て内側に入ります。そこでは中世城壁の一部を見ることができます。中央部にはホワイト・タワーがあります。このほかジュエル・ハウス(ウォータールー兵舎)、フュージリア隊博物館などの施設の内部見学ができます。なおセント・ピーター教会の内部は定められた時間に見学できます。またセント・ピーター教会前の芝生広場は、かつて処刑台が建てられた場所です。これらのうち軍事に関する展示が中心のフュージリア隊博物館と、さまざまな武器が見られるホワイト・タワーについては後の「軍事・武器に関する博物館」の章でとりあげます。

■ロンドン塔内に展示されている処刑道具

■野外に展示されている大砲

Jewel House ジュエル・ハウス

⬇ロンドン塔内

外観は、ごく普通の伝統的な歴史建築物です。しかし中に入ると、室内からは窓がほとんど見えません。外から見えたすべての窓にブラインドが下ろされ、あるいは内部から何かで覆われていたからかもしれませんが、外光は入らず内部の照明はすべて人工照明でした。

ここには王室に伝えられた豪華な宝石や貴金属が並べられています。四四四個もの宝石をちりばめた聖王エドワードの王冠の展示ケースは、四方に監視員を配置し、見学者はケースの両側の動く歩道に乗せられます。王冠をケースの前でゆっくりと鑑賞するために立ち止まることは許されないようになっています。鑑賞時間はわずか三〇秒程度でしたが、宝石に興味のない筆者でも目を見張りました。

また他の展示コーナーでも随所に監視員が目を光らせており、警備の厳重さが印象的でした。また、展示室の出入口の扉はまるで金庫のような頑丈なものでした。つまり、観客は金庫の中で王家の宝物を見学していたということになります。ともあれ、宝石類の展示物は豪華絢爛というほかありません。

■ジュエル・ハウス

バッキンガム宮殿
Buckingham Palace

⬇地下鉄グリーン・パーク駅

バッキンガム宮殿の建物は、一六七七年にアーリントン卿のために建てられたアーリントンハウスが起源だといわれています。やがてここに住んだバッキンガム公爵ジョン・シェフィールドが、一七〇二年から一七〇三年にかけて修理改築した後、バッキンガム・ハウスと呼ばれるようになりました。一七六二年にジョージ三世が王妃のためにこの邸宅を買い求めました。以

■宮殿正面の門　奥に記念碑が見える

■バッキンガム宮殿

後、王妃がこの館で暮らしたことからこの邸宅は「王妃の家」と呼ばれました。王妃が当時の公式王宮であったセント・ジェームス宮殿に居住しなかった理由はよくわかっていません。一八三七年ヴィクトリア女王の即位と共に、それまで住んでいたケンジントン宮殿から移り住み、ここを公式に国王の住居としたことから、以後バッキンガム・パレス（宮殿）と呼ばれるようになりました。現在は女王の居城として使用されており、国賓の晩餐会の会場としても用いられています。

ウェストミンスター宮殿

Palace of Westminster

↓地下鉄ウェストミンスター駅

地下鉄の駅を降り、階段をあがると道を隔ててすぐ前にウェストミンスター宮殿、すなわちイギリスの国会議事堂の建物があります。ここからでは近すぎて、広角レンズでないと建物全体は撮影できませんが、歴史を感じさせる重厚な建物です。

一〇四二年、ロンドンが首都となりました。最初の宮殿は、この年に即位した最初の王エドワード懺悔王によって建てられ王宮として使われました。次いでウィリアムス征服王が一〇六六年に即位し、一〇九九年ウェストミンスター・ホールを建設します。この時以降、主たる儀式祭典行事はここで行われました。やがて一三〇七年以降、貴族と庶民に別れて議論が行われる場所として使用されるようになります。これが現在の国会議事堂の始まりとされています。

王宮は一二九八年、一五一二年、一八三四年と火災に見舞われています。一五一二年にヘンリー八世が王宮

■ウェストミンスター宮殿　右端がビッグベン

■ビッグベン

をホワイトホール・パレスに移し、ウェストミンスター宮殿は歴代の王の住む宮殿としての歴史に終止符を打ちます。

一八三四年のロンドン大火災では、ウェストミンスター宮殿のすべてが焼失してしまいましたが、一八四〇年から建築家チャールズ・バリーによってゴシック様式で再建されました。ビッグベンの呼び名で知られる時計塔は、建物のもっとも北側にあり、一八五八年の完成です。

第二次世界大戦中の一九四一年、この宮殿はドイツの爆撃を受け、再び壊滅的な被害を蒙りました。しかし首相チャーチルは、ジャイルズ・ギルバート・スコット卿を長とする再建委員会を発足させ、一九五〇年には議事堂を元通りに再建させせました。

■ウェストミンスター宮殿

■ガイ・フォークス事件

一六〇五年、議会の開会式に出席するジェームス一世の命を狙って議場を爆破しようとしたガイ・フォークスらによる火薬陰謀事件が発覚しました。この事件の背景にはカトリック教徒によるクーデターの計画がありました。計画は一六〇四年四月から本格化し、当時の議事堂に隣接していた個人の邸宅をトマス・パーシーが借り、その召し使いを装ったガイ・フォークスが一六〇五年三月までに火薬三六箱を運び込み地下室に隠したのです。議会は例年より遅く、十一月五日に召集されることになっていました。ところがその一〇日前に、上院議員のモンティーグル議員宛てに匿名で、議会が爆破される恐れがあるので出席を取りやめるようにと手紙が舞い込みます。十一月四日に王の命令で捜索が行われた結果、爆薬が見つかり、さらに起爆装置を仕掛けるために現場にいたガイ・フォークスが逮捕されました。彼はロンドン塔で拷問を受け共謀者の名前を明かし、ついに全員が逮捕され一六〇六年一月に処刑されました。

Kensington Palace
ケンジントン宮殿

↓地下鉄ウェストミンスター駅

この宮殿の始まりは、ジョージ・コビン卿のために建てられた館でした。そこをウィリアム三世の時代の国務大臣を務めたノッティンガム伯爵ダニエル・フィンチが買い求め、その私邸とします。このことから建物はノッティンガム・ハウスと呼ばれていました。即位したウィリアム三世が、伯爵家からこの私邸を買い取って、一六八九年にホワイト・ホール宮殿から移り住みました。これが、この場所が歴史上、イギリス王侯の居城となった最初でした。この時、王の居城とするにあたって宮殿の改装を行いました。担当者は建築家クリスト・

ファー・レンで、セント・ポール寺院大聖堂の設計者としても知られています。

以後、改築や改装が相次いで行われます。ジョージ三世以降、この宮殿は王族の居住地として好んで用いられてきました。ヴィクトリア女王はここで生まれ、即位まで暮らしたことは有名です。またチャールズ皇太子と故ダイアナ妃の最後の住まいの場所でした。

宮殿はハイドパークと連なるケンジントン・ガーデンズと呼ばれる広大な公園の西側の一角に位置しています。ロンドン市内には、このほかいくつかの緑地公園があります。緑が少なく、都市としての余裕がないように思える日本に比べ、ロンドンやパリなどヨーロッパの都市には必ず大きな緑地があります。ハイドパーク、ケンジントン・ガーデンズは、最も大きな面積を誇る緑地の一つです。

この宮殿には宮廷衣装に関するコレクションが展示されています。

■ケンジントン宮殿

■ケンジントン宮殿

Westminster Abbey ウェストミンスター寺院

⬇地下鉄ウェストミンスター駅

■ウェストミンスター寺院

建物は古色蒼然たる堂々たるもので、黄色味がかった灰色のような色調の壁面が朝日を浴びて光っています。

堂内は薄暗く、しばらく眼が慣れるまでは動けない状態が続きます。話し声が大きく反響し、さらには鐘の音が音響的雑音に拍車をかけています。

この寺院は九六〇年頃、ベネディクト派修道院の修道士がウェストミンスターに移住したのが始まりです。一〇六五年十二月二八日にこの寺院は完成しました。その翌年の一〇六六年にはこの寺院でウィリアム征服王(ウィリアム一世)の戴冠式が行われました。これがこの寺院で行われた最初の戴冠式です。

やがて一二四五年に、ヘンリー三世が現在ある寺院の建築を開始します。さらに一三〇一年には戴冠式用の椅子が作られました。一三〇八年以降、王や女王の即位に伴うすべての戴冠式にはこの椅子が使用されています。

一五九三年には、この場所で女王エリザベス二世の戴冠式が行われまし

■ウェストミンスター寺院正面入口上部の彫刻

た。最近では、一九九七年にはダイアナ妃の葬儀がこの寺院で行われています。

堂内には、エリザベス一世、メアリー一世、エドワード一世、ヘンリー三世などの墓があります。さらにエドワード三世、リチャード二世の墓、イギリス最大の文豪シェイクスピアの記念碑、十七世紀に万有引力の法則を発見した科学者ニュートンの墓などがあります。

■ローマ・カトリックから分離独立

十六世紀までのヨーロッパの大半のキリスト教はローマ・カトリックで、ローマ法王の権威が及んでいました。十六世紀の改革で各地の教会組織には大きな変化が起こりました。イギリスの場合も例外ではなく、従来のローマ・カトリックから分離独立し、独自の礼拝様式を採用するようになりました。例えば伝統的に使用されてきたラテン語に代わって英語を用いた礼拝が行われるようになりました。

St.Margaret's Church
セント・マーガレット教会

↓地下鉄ウェストミンスター駅

ウェストミンスター宮殿とは道一つを隔てて隣接する教会です。最も大規模な教会はウエストミンスター寺院ですが、同じ敷地内に十二世紀に建てられたこの教会も見逃せません。建物はウェストミンスター寺院と比較すると、かなり小型で目立たない存在です。白亜の堂の入口部分には派手な装飾はほとんど見られません。

ところで、この教会は十二世紀前半にウェストミンスターの大修道院長によって創建された後、エドワード三世の時代には取り壊されましたが、やがて十五世紀末期頃に再建されました。一六一四年には下院議員の通う教会となり、現在でもこの教会と下院は深い関わりを持っています。その後も改修、改築が繰り返し行われました。一七三〇年頃には壁面がポーランド産の石材に変えられ、入口にそびえる塔も建てられました。第二次世界大戦では教会堂が大きな損傷を被りましたが、修復されて今日の姿になっています。

この教会は、『失楽園』の作者ジョン・ミルトン、サミュエル・ピープス、第二次世界大戦当時の首相ウィンストン・チャーチルなど著名な人々が結婚式を行った場所としても知られています。

■セント・マーガレット教会

■セント・マーガレット教会内部のステンドグラス

St.Paul's Cathedral

セント・ポール大聖堂

↓地下鉄セント・ポールズ駅

地下鉄セント・ポールズ駅を降りると大聖堂の裏側に出ます。白い大きな建物の壁に沿って歩くと正面に出ます。正面玄関の階段には、観光客や市民が腰を降ろしています。

ゴシック建築の代表格ともいえるセント・ポール大聖堂は、尖塔までの高さが一五〇メートルにおよぶ壮大なものです。イギリス国教会のロンドン管区を監督する大主教座がおかれている、イギリス国内でも最も権威のある教会です。この大聖堂は、この地に先住していたアングロ・サクソン人をキリスト教に改宗させるために派遣された聖アウグスティヌスの信徒であった聖メリトゥスによって六〇四年に創立されました。以来大聖堂は六七五年、九六二年、一〇八七年に、それぞれ大規模な再建が行われてきました。とくに一〇八七年に焼失した後の再建は、ロンドン司教モーリスによって行われ、一二四〇年に旧セント・ポールが完成しています。この建物はゴシック様式で東西一八六メートル、尖塔の高さは一六四メートルで、当時のヨーロッパの尖塔では最も高いものでした。教会の敷地内にはセント・ポール・クロスという法律学校を有しており、これがロンドン最初の議会となりました。

一五三四年のヘンリー八世による国教分離という宗教改革はこの教会に大きな影響を与えます。とくに荘厳なミサや行列は廃止され、祭壇も破壊されるという悲惨な状況でした。

宗教改革の後、大聖堂は荒廃しましたが、一六三三年にはイニゴ・ジョーンズが新古典主義の前廊を加える修復を行っています。さらに一六六六年ロンドン大火災で焼失した部分の再建計画がクリスト・ファー・レン卿によって王室に提出され、一七一〇年に工事は完成しました。この大聖堂は国王チャールズ二世の命により、レンの設計によって建てられたバロック様式の傑作といえるでしょう。

出入口付近に大聖堂の案内パンフレットが置いてあります。幸い日本語のものも用意されていました。

この大聖堂ではネルソン提督、ウェリントン公爵、チャーチル元首相の葬儀が行われました。またヴィクトリア女王の即位六〇周年記念大典、エリザベス女王二世の即位五〇周年記念式典、チャールズ皇太子とダイアナの結婚式などの会場となった場所としても知られています。地下聖堂内部には、正面中央付近にネルソン提督の棺が安置されています。その近く右手にはクリミア戦争で活躍した看護師フローレンス・ナイチンゲールの記念碑があります。

このほか、アラビアのロレンスや、十九世紀初頭のイギリスを代表する画家のターナーなど建築家や芸術家、科学者の墓も聖堂内にあります。

ロンドン博物館
Museum of London

↓地下鉄セント・ポールズ駅

ロンドンの先史時代から現在までを知ることができる博物館です。

円柱形の建物とそれに付属する長方形の建物から構成されています。中央部分の空間にはイギリス式庭園があります。建物配置図を受付で受け取りました。これによると建物は七階まであり、博物館として公開されているのは三フロア分で、展示スペースは二フロアのみです。最上階にはパーキングスペースがあり、二階が入口になっています。

ロンドン博物館の前身は一九一一年ケンジントン・パレスに設立され、一時ランカスター・ハウスに移り、一九七六年十二月二日にギルド・ホール・ミュージアムと統合され現在地に開館しました。

■ロンドン博物館

展示部分を見てみましょう。「ロンドンの過去」と題するコーナーがあります。ロビーでは大画面の映像を用いた展示が見られます。現在の街並みからはじまり、徐々に時代が古くなり、わずかに煙が立ち上る狩猟生活の時代、人間がまだ出現していない時代へと続きます。現代から過去へのタイムトリップが数十秒間で表現されています。この映像展示はあくまでもイメージ重視のもので、詳しい解説はありません。

このコーナーの右手から展示室に入ると先史時代のコーナーです。ここには旧石器時代から青銅器時代までのイギリスの遺跡、遺物の展示や解説のパネルが並んでいます。遺物では石器や骨格器をはじめとして、石製彫刻、さらには青銅製品などが見られました。

次に「ローマン・ロンドン」と題されたローマ時代のコーナーは、西暦五〇年から四五〇年のロンドンをテーマにしています。多くの青銅製品や宗教芸術品などの宗教関連遺物の展示が行われていました。

中二階には庭園への通路がありますが、さらに階段をおりることにしました。

一階の「マイヤーズ・コーチ」というコーナーでは、一九五七年につくられた馬車（コーチ）が見学者の注目を集めています。馬車の車体は金色を基調とした明るさに、細かな細工を施した装飾金具が随所にちりばめられています。さらに内装は渋い赤色で、外側面には七宝風の絵画が施されており、豪華絢爛という表現が当てはまります。これはロンドン市長の就任披露行列に用いられた馬車です。

「ヴィクトリア・ウォーク」のコーナーは、ヴィクトリア時代の生活を実物大のジオラマで見せています。タイムスリップすることができるのです。いろいろな商売の店先やトイレまで復元されています。このようなジオラマ展示は、他国からの見学者や、現代の子供たちにも充分理解させられる展示方法です。

「十八世紀」のコーナーは、産業革命の時期、ヨーロッパでの主導的な役割を果たしたイギリスの面目躍如とでも言うべき時期の展示コーナーです。

従来の家内制手工業から工業への転換が図られた画期的な時代でもあり、ここで起こった産業革命が全世界に波及していったのです。印刷機械や織物機械など当時の工業化の発展を物語る大型の機械のほか、あらたに発明され実用化された通信機械などの小型の機械類も多く展示されています。当時の服飾に関する展示も見られました。

「二十世紀のロンドン」は、一九一四年から二〇〇〇年までのロンドンをテーマにしたものです。一九二〇年当時のウェイトレスの服装や一九二八年製のエレベーターがあります。エレベーターは扉部分がジオラマ風に配置されており、展示物という表示がなければ、この場所でエレベーターを待っている人がいても決して不思議ではないほどです。

■金色に輝く1957年製の馬車（マイヤーズ・コーチ）

National Portrait Gallery
ナショナル・ポートレート・ギャラリー

⬇地下鉄チャリング・クロス駅

■ナショナル・ポートレート・ギャラリー

ナショナル・ギャラリーの側面を少し歩くと隣接するように位置するのが、ナショナル・ポートレート・ギャラリーです。

この博物館はスタノップ伯爵の上院での発議によって、一八五九年にグレートジョーンズストリートで開館しました。当時のコレクションはわずかに五七点でした。やがて二度の移転を余儀なくされ、現在の位置に落ち着くのは一八九六年のことでした。所蔵するコレクションは絵画作品九〇〇〇点以上、写真は五〇万枚を超えています。

展示は、古い時代から新しい時代へという手法で、ヘンリー八世などの中世からチューダー朝、そして現代に至っています。とくにイギリスの文学、歴史、政治、経済、科学などの分野で優れた人物の肖像画を展示しています。具体的にはシェイクスピアからローリング・ストーンズまで含まれています。

最上階から順に見ていくことにしました。エスカレーターを降りるとネルソン提督に関する展示コーナーがあります。ここでは彼が最期を遂げたトラファルガーの海戦の模様を描写した作品や提督自身の肖像画などが展示されています。

トラファルガーの海戦は、ナポレオンとの戦争中の一八〇五年一〇月二一日スペイン南岸沖でイギリス海軍とフランス・スペイン連合艦隊の間で行われた海戦です。フランスの指揮官はヴィルヌーヴ、イギリスの指揮官はネルソン提督でした。連合艦隊はスペインからイタリアに向けて出航、かねて警戒中のイギリス海軍によって捕捉され、トラファルガーで衝突しました。約五時間の近接戦を繰り広げた結果、連合艦隊の死傷者は七〇〇〇人に及び、ヴィルヌーヴは捕虜となり、スペイン指揮官は戦死しました。イギリス艦隊は一艘の損失もなく、死傷者は一五八七人でした。

ヨーロッパの王宮や貴族の館にはたいてい数枚の肖像画が壁に掲げられています。しかしこのギャラリーのように、著名人のポートレートがコレクションされ、展示公開されている博物館は、世界的に見てもあまり例がなく、他にはアメリカのスミソニアン肖像画博物館のみです。

■トラファルガーの海戦とネルソン提督

ネルソン提督自身は敵側の狙撃兵の銃弾に倒れ「ありがたい、義務は果たした」の言葉を残して逝きました。この海戦での勝利の結果、ナポレオンの作戦を断念させ、後一世紀の間、イギリスは制海権を得たのです。

イングランド銀行博物館
Bank of England Museum

↓地下鉄バンク駅

地下鉄のバンク駅を降りて地上にあがると、イギリスを代表する銀行が軒を並べています。

正面にギリシャかローマの神殿を想わせる伝統的な円柱のある建物が目に入ります。王立取引所です。この取引所は、一五六六年に最初の煉瓦が置かれ、建築が開始され、翌年には完成し、一五七〇年エリザベス一世の訪問を機に王立取引所と命名されました。当時は屋外で取引交渉を行っていたので雨が降ると取引がストップしてしまいました。王室の財務長官を務めたサー・トマス・グレシャムは、父の意思を引き継ぎ私財を投じてこの取引所を設立しました。設立間もない頃は、本屋、薬剤師、婦人服屋、金細工師など多種多様な店が並び、それぞれの場所で商取引が行われていました。なお一六六六年のロンドン大火災や一八三八年の火災によって焼失、そのたびに再建が行われました。現在の建物は一八四四年に再建された新古典主義建築の建物で、コリント様式の柱廊、三角形の切り妻など注目する部分も多い建物です。やがてロンドン証券取引所の開設と時代の変化に伴い、一九三九年に役割を終えました。

その王立取引所の建物を横に眺めながら横断歩道を渡ると、長く壁の続く頑丈な建物があります。この建物が、一六九四年フランスとの戦争経費を調達するために設立されたイングランド銀行です。一八三四年にウェストミンスター銀行が設立されるまでの期間、イギリスで唯一の株式形態をとった銀行でした。現在でも、世界最大の洗練された金融センター、シティの中心で、イギリスの中枢を担う銀行としての機能を果たしています。

この建物に沿って少し歩くと、銀行博物館への道標が見えます。角を曲がると博物館の入口です。博物館は一九八八年十一月一六日に開館しています。

■イングランド銀行博物館

入口を入るとイギリスの銀行の歴史を紹介するパネル展示があります。一六九四一～七八三年、一七五五～一九二五年、一九二五年～現在という三つの時期に区分して銀行の建物や業務の内容を紹介しています。さらに戦時下のロンドン市民と銀行の関わりを、さまざまな遺品の展示を通じて表しています。

イングランド銀行は第二次世界大戦後の一九四六年「イングランド銀行法」によって国有化されました。これによって名実共に政府の銀行として、そして、銀行の銀行として、政府の通貨の発行、金融政策の健全な運営の諸策の実施などを行っています。

やがて通路は中央部分の円形ドームの大広間に至ります。中央のケースには金色に輝く金の延べ棒が五九個重ねられています。周囲には屈強なガードマンが数人で警備に当たっています。

ドーム部分の先は紙幣の歴史を展示したコーナです。イギリスの紙幣のデザインの変遷の展示ではエリザベス女王の肖像が目立ちました。デザイン段階のものと、印刷に付すための原版、さらには印刷された見本の紙幣が並べられています。ここにある印刷原版からはたしてどのくらいの量の紙幣が印刷されたのかとつい考えてしまいました。

Cutty Sark
カティサーク号博物館

⬇DLR線カティサーク駅

グリニッジ港の一角に陸揚げされて繋留されている帆船が、カティサーク号です。近づいてみるとなかなか威厳のある帆船です。

カティサーク号は、一八六〇年十一月二二日、ダンバートンにあるスコット・アンド・リントンズ造船所で進水しました。九三六総トンの小型の快速帆船です。カティサークとは女性用の短い上着のことだそうです。この船は造船所設計主任ジョン・レニーによって設計され、帆の総面積は約二九七二平方メートル、最高速度は一七ノットを上回るというものでした。処女航海は一八七〇年二月でした。

この船の進水式の七日前の一八六九年十一月十七日、地中海とインド洋を結ぶスエズ運河が開通しました。この運河の開通は、帆船の時代に終わりを告げる画期的な出来事でもあったのです。汽船は蒸気機関を使って自力走行できるので、従来よりも極端に短い航路を取ることができました。しかし帆船は自然の貿易風に頼るほかはなく、アフリカ南端の喜望峰を回るしかなかったのです。汽船と帆船の勝負は明らかでした。つまり、カティサーク号は、登場した時すでに時代遅れでもあったのです。

上部貨物倉あるいは中甲板と呼ばれていた船倉部分には、かつてこの帆船が運んだ茶箱が復元されて積まれています。そこから少し離れたところには、羊毛を入れた箱が置かれています。カティサーク号は後にオース

■カティサーク号

■積荷の茶箱

■船の修理に使われた工具類

トラリアの羊毛運搬船になったのです。同じフロアには帆船模型や写真パネルの展示があります。このフロアの奥の部分はミュージアムショップとして利用されています。Tシャツ、トレーナー、マグカップ、海賊のどくろマークのついた帽子などのグッズ、船乗りの帽子、水兵スタイルのぬいぐるみ、絵葉書などが販売されていました。

階下に下りてみましょう。両側の船壁部分に、船首像のコレクションが一面に展示されています。それぞれの船の船首を飾ったものが一堂に集められているのは壮観ですが、同時に異様な光景でもあります。船首の飾りといえば海神や海神を

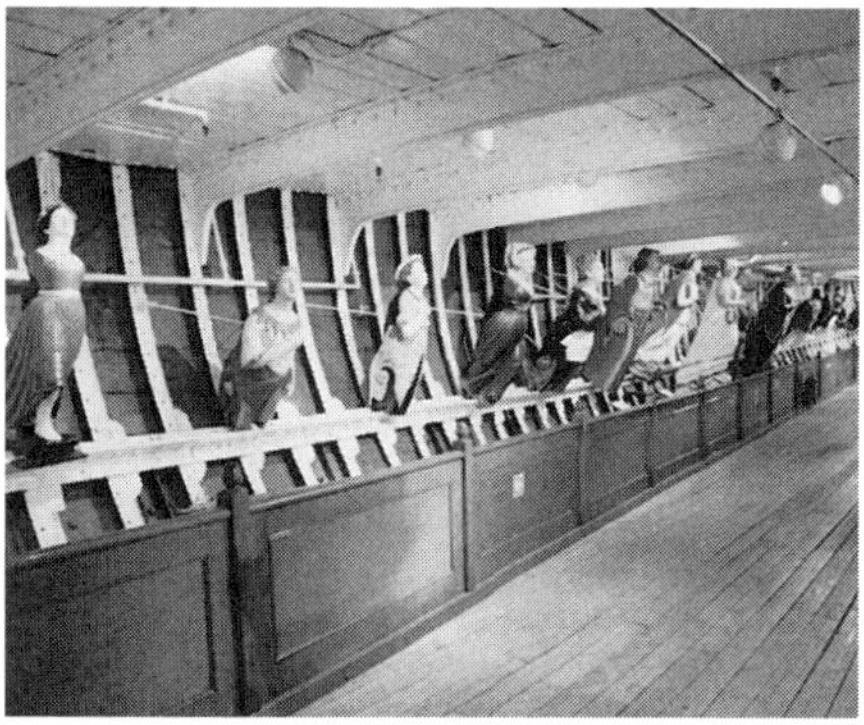
■船首を飾った彫像

抑えるための女神像が多いのではと勝手に想像していましたが、実にさまざまな像がありました。その船がたどった航路や入港した国々の特徴が伝わってくるようです。展示ケースの中に、ハンマーや鋸、のみ、かんななどの工具類が展示されています。おそらくは応急修理などに使用されたのでしょう。

船倉の一番下の部分は圧迫感が強く、あまり居心地のよいところではありません。早々に上部甲板に移動することにしました。手入れされた上部甲板は太陽の陽を浴びて輝き、大きくたくましい三本のマストが立っています。マストと帆を支える無数の支持索が張られています。多くとも総勢二八人で、このマストに帆を一杯に張った姿は実に美しいものだったでしょう。帆船にロマンを感ずるというのもわかる気がします。しかし、実際はどうだったのでしょうか。

大英図書館
British Library

↓地下鉄キングス・クロス駅

一九七二年に英国図書館法が成立し、翌年七月五日に大英図書館が創設されました。しかし創立当初の施設は大英博物館と同じ場所にあって、博物館併設の図書館あるいは図書館併設の博物館というイメージがありました。

一九九八年四月に現在の場所に分離独立しました。建物の設計は、サー・コリン・セント・ジョン・ウィルソンで、大英博物館が伝統的な様式であるのに対し、現代的で斬新な茶色を基調とした外観の建物です。

キングス・クロス駅からも近く、わかりやすい場所にあります。建物も前庭も広大な面積です。そこにはい

■大英図書館

くつものオブジェやベンチが置かれ、くつろぎの空間としても利用されているようです。

中に入ると、鎖につながれた本のブロンズ彫刻が置かれています。意味はわかりませんが本とのつながりを示しているのでしょう。この図書館は一二〇〇万冊の蔵書収容能力を持つ世界有数の施設です。また、レストランやブックショップ、あるいは本に関するワークショップなどの一般来館者のための設備があります。

左手にジョン・リットバラット・ギャラリーがあります。ここでは、「神聖

■鎖につながれた本のオブジェ（大英図書館ホール）

■図書館ホール

■図書館正面広場の彫像

な書籍」「地図と風景」「歴史的文書」「楽譜」「文学・文芸」「手書き文書」などのコーナーが設けられていました。「神聖な書籍」のコーナーでは、一三九九～一四一二年にエジプトで作成されたコーラン、ヘブライ語の九～十世紀の聖書、さらに一三〇八年の聖書など五冊、ヒンズー教の十二、十七、十九世紀の各経典及び細密画、エジプトの文書断簡、仏教経典では中国に伝播した禅に関する七世紀の貝葉や写経本の巻物、折本、断簡、さらに一九〇六年～一九一二年の写真記録の出版物の大部な本も展示されていました。

その他のロンドンを知る博物館など

タワー・ブリッジ博物館

Tower Bridge　▼地下鉄タワー・ヒル駅

タワー・ブリッジはテムズ川に架けられた橋の一つで、ロンドンのランドマークの一つにも数えられています。二つの塔が設けられていることからよく知られており、その塔内に設置された博物館です。テムズ川やタワー・ブリッジの歴史についての展示を見ることができます。

■タワーブリッジ

ロンドン橋

London Bride

▼地下鉄ロンドン・ブリッジ駅

ロンドン市街のシティとサザック地区を結ぶテムズ川にかかる首都を象徴する橋のひとつです。紀元前一〇〇年から五〇〇年頃にローマ人によって木の橋が架けられていたと考えられています。一七五〇年に上流にウェストミンスター橋が架けられるまでテムズ川にかけられた唯一の橋でした。

ギルド・ホール

Guild hall

▼地下鉄セント・ポールズ、バンク駅

ギルド・ホールがいつここに建てられたのかは定かではありませんが、十五世紀には存在していたとされています。もとは商取引上の紛争解決のための法廷であったようです。

サマセット・ハウス

Somerset House

▼地下鉄テンプル駅

サマセット・ハウスの名称は、ヘンリー八世の三番目の妃ジェイン・シーモアの兄で、幼いエドワード六世の摂政であったサマセット公爵に由来しています。一九八九年にコートールド・ギャラリーが北翼に、二〇〇〇年には南翼にギルバート・コレクションがそれぞれ開設されています。

2 考古学・民族学を知る

大英博物館
ヴィクトリア&アルバート博物館
ギルバート・コレクション
パーシヴァル・デイヴィッド中国陶磁コレクション

イギリスには世界遺産として登録されているストーンヘンジやローマ時代の浴場遺跡などがあります。ストーンヘンジは石器時代の遺跡と考えられており、その規模や保存状態の良さは群を抜いています。このほかにもイギリス国内には多くの考古学関連遺跡があります。一方、エジプト研究でもイギリスはフランスなどと共に常に世界の最先端を歩んできました。また中央アジアにおいてもウル遺跡の調査など多くの成果を上げています。さらにアジアでもシルクロードの遺跡調査での輝かしい業績があります。

このように、歴史と伝統が蓄積されたイギリスの考古学の歴史やその成果を知るための博物館をここでは紹介します。またこれらの博物館には、中世の大航海時代以来、各地を訪れたイギリスの探検家がもたらしたコレクションも収められています。これも必見でしょう。

大英博物館
British Museum

⬇地下鉄トットナム・コート駅、ホルボーン駅

世界の代表的な博物館といえば、たいていの人が大英博物館かルーヴル美術館を思い浮かべるでしょう。

博物館の創設

一七五三年に植物学者のハンス・スローンがその生涯をかけて収集したコレクションを国に遺贈したことに始まります。一六六〇年アイルランドに生まれたハンス・スローンは、イギリス、フランスで医学の勉強をしました。やがてジャマイカ総督アルベマールの侍医として一年半、その地に滞在します。この間、ジャマイカの植物に興味を持ち、植物標本を精力的に収集しました。帰国後はアン王女付の侍医となり、准男爵に叙されました。そして医学の方面では天然痘の予防に尽くした業績で名をあげます。彼が収集してきた標本は、当時の上流社会では知らないものがいないほどでした。

スローンは、自分のコレクションを分散させず、ロンドン市内で一括保存するという条件で譲渡するという遺言を残しました。そのコレクションとは、彼が生涯をかけて集めた五八四三種類の貝類標本、二二七五種の鉱石を含む膨大な動物、鉱物、植物の各標本類と三五五〇冊の手稿本を含む四万冊の図書、三二〇〇枚以上の貨幣などで構成されていました。これらは当時の価格で一〇万ポンドの価値があるといわれており、ロシア帝室アカデミーから購入の打診があったともいわれています。スローンは、先の条件と共に二人の娘に二万ポンドを渡すこともコレクション譲渡の条件に含めていました。

スローンの死後、彼の友人たち三七人で構成されたスローンコレクション保管委員会は、王室に対して一括買い上げの請願をしましたが、ジョージ二世はこの出費を認めませんでした。

やむなく彼らはこの話を直接議会に持ち込みました。当時の議会は財政的に余裕のない状態でしたがこれら

■大英博物館正面

に要する費用は富くじ（一種の宝くじ）の発行でまかなうということで、一七五三年六月七日これらのコレクションの購入を含んだ「大英博物館法」を可決しました。

この時に収蔵されたものには、スローンのコレクションのほか、ハーリー家コレクションとコットンコレクションがあります。ハーリーコレクションは、オックスフォード伯ロバート・ハーリーとその子のエドワードが収集したものです。五万冊の図書、四〇万点のパンフレット、四万点の宗教、歴史などの古文書など膨大なものですが、イギリス、フランスの宮廷資料など貴重なものが多く含まれていました。

コットンコレクションは、ロバート・コットン卿一族の蔵書などで、イギリス関係の資料が多く残されていました。とくにこの中には『ベオウルフ』『アングロ・サクソン年代記』の貴重な最古の写本などが含まれています。

これらのコレクションを収める施設として、当初バッキンガム・ハウス（現在のバッキンガム宮殿）などが候補にあがりましたが、最終的には現在の大英博物館のある地にあったモンタグー邸が購入され、一七五九年一月から一般に公開されました。

博物館の定款には「博物館は研究勉学を志す者にとって、知識のいくつかの分野で役立つように構成されるが、国の内外を問わず一般の人たちに利用できること……」と定めています。しかし開館当初の状態は、高貴な宝物殿の参観というようなもので、一般の人々にとっては身近な存在ではなかったようです。

コレクションの充実

開館以来、博物館のコレクションは着実に増加していきました。その多くは篤志家からの寄贈によってでした。一七五九年にはソロモン・トマソンが収集してきたヘブライ語と書のコレクションが、一七六二年にはジョージ三世によって買い取られたジョージ・トマソン収集の十七世紀の冊子三万二千点が寄贈されました。

こうして博物館では徐々にコレクションを増やしていったのですが、探険家ジェームス・クック（キャプテン・クック）の資料が博物館に収蔵されたのは大きな出来事でした。一七六八年から一七七一年にかけてのエンデヴァー号による第一次の航海で持ち帰ったポリネシアの民族資料、第二次、第三次の航海での南太平洋の資料などが収められることになります。

さらに探検家アーチポルト・メンジースは北西アメリカ、南海諸島の民族、美術関係の資料を、ウィリアム・ハミルトンは地中海地域に関する資料をもたらしました。

一八〇一年八月イギリスとの戦いに敗れたフランスは、アレクサンドリアでの協定により、収集した美術品、考古資料、自然史資料のすべてがイギリスに差し押さえられました。このうち古美術品、古文書などはすべてがイギリスに没収され、フランスに戻

■パルテノン神殿の彫像群

されたのはわずかに自然史関係の資料だけでした。現在、大英博物館を代表するコレクションとなっているロゼッタ・ストーンは、この時イギリスにもたらされたものです。

博物館の分離と新しい博物館へ

このように質的にも量的にも充実した大英博物館ですが、一八六九年、自然史部門が分離独立することになります。後に詳しく紹介しますが、サウス・ケンジントンの自然史博物館は世界中の自然史に関する資料を集めた博物館として、自然史研究の世界的権威として、その研究の中心の一つともなっており、多くの入館者で賑わっています。また一九七〇年には民族学部門が人類学博物館として分離独立し、一九七二年には大英図書館が独立した機関となり、一九九八年には移転しています。

現在、博物館のギリシャ彫刻の展示室には、エルギン伯トマス・ブルースを記念した部屋があります。ギリシャのパルテノン神殿にかつてあった彫刻群で満たされており、エルギン・マーブルズとも呼ばれているコレクションが展示されているこの部屋は大英博物館の最も有名な部分です。

これら貴重な彫刻群は、パルテノン神殿が世界遺産に登録されたことから、ギリシャ政府からたびたび返還の申し出があるようですが、イギリス政府は応じていないようです。

■トルコから大理石彫刻を運んだトマス・ブルース

エルギン・トマス・ブルースは、初代のインド総督を父に持つ外交官で、一七九九年にコンスタンチノープルのイギリス公使となって赴任しました。任地の考古学の遺跡が荒れるがままに放置されている惨状を見た彼は当時のトルコ政府の許可を得て、放置されていた大理石彫刻群を本国へ持ち出そうと考え、早速実行に移しました。一八〇二年から一八一二年にかけてこれらの輸送が行われました。しかしフランスなどの反対にあって運搬作業は難航したようです。一八〇三年から一八〇六年までの間、エルギン自身もフランスを通過中に拘束されています。

博物館の変化

博物館には購入、寄贈、遺贈、寄託などさまざまな方法で資料がもたらされます。博物館としては当然喜ばしいことなのですが、反面、増加資料の内容によっては博物館自体の性格を変えてしまうこともあります。かつての大英博物館は、ハンス・スローン卿のコレクションが中心だったので自然科学資料が大半を占めていましたが、現在では、分離独立した自然史博物館に収められています。

東洋コレクション、とりわけ日本の資料として、江戸時代末期から明治初年にかけて外交官として来日し活躍したアーネスト・サトウがもたらしたコレクションがあります。

一八九五年から一八九八年にかけての日本関係資料の整理作業をダグラス部長のもとで手伝った人物に南方熊楠がいます。彼は一八六七年の生まれで、現在の和歌山県田辺市の出身です。幼少から記憶力に優れ、経済的に恵まれた家庭環境で育ちました。十七歳で上京し、二〇歳でアメリカに渡っています。そこでスイスの植物学者コンラード・ゲスネルの生き様に感銘を受けます。彼は「日本のゲスネルにならんと誓い」各地で動植物の採集調査に精を出します。

一八九二年にイギリスに渡り、翌年には科学雑誌として権威のある『ネイチャー』に「極東の星座」と題する論文を寄稿し掲載されます。これによって、その名前が知られるようになった熊楠は、まもなく大英博物館に出入りするようになります。とくに当時の館長サー・W・フランクスの知遇を得て、博物館に収蔵されている日本の仏像や仏具の分類などの仕事を手伝うようになります。

さらにロンドン大学総長のF・W・ディケンスとも親交を深めていき、彼の日本文学・日本文化研究にも協力することになります。ディケンスが、後に刊行した『日本古文篇』は、熊楠の協力によるところが大きいとされています。また『方丈記』をディケンスと熊楠は共同で訳しています。

やがて一九〇〇年、熊楠はロンドンを後にして帰国します。日本での熊楠は、主として和歌山をフィールドとして隠花植物の調査研究を行ったほか、人類学、民俗学などの研究論文を精力的に発

■日本通アーネスト・サトウ

アーネスト・サトウは、一八四三年の生まれで、一八六二年に通訳・書記官として日本に赴任しました。日本名を佐藤愛之助といい、歴代のイギリス公使、とりわけパークス公使の有能な助手として働きました。この時、諸藩の動向を探り、イギリスの対日政策を倒幕派支持に向かわせたことでも知られています。彼は日本文化についても造詣が深く、梵語の仏教文献などをイギリスにもたらしています。一八八三年に帰国し、シャム総領事などを経て、一八九五年には日本公使となって再び日本へやってきました。実に前後二七年も日本に駐在した外交官だったのです。

表しています。イギリスで知り合った、ディケンスや孫文との交流も、この間続いています。菌類の研究では新種七〇種を発見し、民俗学でも多くの研究を発表した大学者であった彼は大酒豪であり、奇行家としても広く知られた人物でした。一九四一年、熊楠は七四歳でその波乱に富んだ生涯を閉じました。

コレクションの充実

東洋コレクションのうち、中国関係の充実も大英博物館の特徴の一つでしょう。とりわけオーレル・スタインのシルクロード探検によってもたらされた資料は重要です。

スタインは、一八六二年ハンガリー、ブダペストのユダヤ系の家に生まれました。後に彼はイギリスに帰化します。彼は早くからアレクサンダー大王の東征に興味を持ち、ドイツ、イギリスで考古学、東洋学を学びました。やがてヘレニズム東漸の歴史研究のために当地の探検を行おうと考えます。一八八八年、スタインはラホールにわたり東洋学校の校長となります。ここでアジアへの憧れをより強めていったのです。一八九九年、彼はイギリス政府管轄下のインド政庁に招かれ、一九〇〇~〇一年、一九〇六~〇八年、一九一三年~一六年の三度にわたって中央アジアの探検を行いました。このうち第二回探検の一九〇七年、北京から西へ二〇〇〇キロの辺境の地敦煌を目指したのです。この敦煌では、一九〇〇年に貧しい道教の道士王圓録という人物が莫高窟の南北端にある一六窟の蔵経洞からおびただしい量の経典や絵画を発見していました。王圓録との交渉の末、スタインは一万点余りの経典や絵画などの古美術品を入手しました。これらの対価としてスタインは、王圓録の管理していた寺院の修復費用を支払いましたが、それらは当然得られた対価としては極めて少ないものでした。スタインはこれらの品を大英博物館にもたらしたのです。

オリエント部門の充実

この部門については、ウル遺跡の調査によるところが大きいといえましょう。

ウル遺跡は、イラク南部、バクダッド南西三五〇キロにあるバビロニアの都市の遺跡です。正式にはテル・エル・ムカイヤルといいます。一八五四年にイギリス領事J・E・テーラーが、その遺跡のジュグラトを発掘してナポニゥスの印章を発見しました。これらからこの場所が聖書にあるアブラハムの生地であるカルデラのウルと考えられるようになりました。

一九一九年にはH・R・ホールがジュグラトの南東部を発掘しました。この結果をもとにして大英博物館とアメリカ・ペンシルヴァニア大学博物館の共同調査が行われました。この時指揮に当たったのがC・L・ウーリーでした。

ウーリーによる調査は一九二二年から三四年まで行われ、聖域のほぼ全域を明らかにすることができました。とくにウル王墓を含む一八五〇基の墳墓遺跡が調査され、豪華な副葬品などが発見されました。

シュブ・アド女王の墓からは黄金、銀、メノウ、ラピス・ラズリ製の髪飾り、首飾りなどの装身具を着用し多女王が見つかっています。とくに女王の右肩部分付近から女王の名前を刻んだラピス・ラズリ製の円筒印章が発見されたことから、確実に女王の墓であることがわかりました。また墓内の殉葬者は二〇人に及んでいます。その内訳は、入口を護る短剣、小刀を所持する衛兵五人のほか、竪琴を演奏する女性一人と二列に対峙して並ぶ髪飾りをつけた女性九人、さらにはロバに引かせた二輪車と馬丁四人、従者一人の二〇人です。このほかにも多くの王墓などの調査が行われ、多数の遺物が発見されています。

■考古学者ウーリー

ウーリーは、一八八〇年生まれで、オックスフォード大学で学んだ後、アッシュモレアン博物館に入り、一九一二年のカルケミシュの調査のほかシナイ半島の調査を行っています。とくにアラビアのロレンスとして知られるT・E・ローレンスと親しく、第一次世界大戦中にはエジプトで政治的な工作活動に従事しており、トルコに捕虜となったこともあります。戦後、多くの考古学調査の指揮をとり、オリエント考古学の発展に大きく寄与した人物です。

近頃のリニューアル

大英博物館には、これまでも数回訪れていましたが、今回随分変わっていることに驚きました。博物館としての機能性がかなり向上していたのです。最も顕著だったのは、グレート・コートと呼ばれる中庭部分に大きな円形の建物とその中庭全体を覆う屋根が設置されていたことです。

円形建物も現代風の外観にリニューアルされ、リーディング・ルームが一般に開放されたのです。内部は参考図書を集めたレファレンスセンターです。博物館の収蔵品などについてここで調べることができます。入口を入ると内側周囲の円弧部分に数段にわたって書棚が作られており、びっしりと配架された大量の図書群が目に入ります。中央の受付カウンターでは、参考書の閲覧などに担当係員が丁寧に対応してくれます。

■グレートコートの円形建物（図書室）

博物館は単なる展示公開施設ではなく、教育学習、さらには専門研究の場でもあるということを、この施設は改めて認識させてくれます。

この建物の外周部分の一階には、ミュージアムショップが左右に展開しています。以前は入口のすぐ左手にありましたが、狭いスペースでは十分な品揃えができなかったようです。今回のリニューアルによって多数の書籍が本棚に配架されており、その弊は解消されたように見えます。またその際に片隅に配置されていたブックコーナーも、奥の広いスペースが与えられていました。ただ、改装前には、考古学や美術史などの専門書籍が多かったのですが、新しい店では、一般的、概説的、入門的な本が多いように感じました。

コーヒーショップは、この円形建物の左右両側の広場に椅子とテーブルを置きセルフサービスになっています。サンドウィッチなどの簡単な食事もできます。この部分も以前よりは広いスペースになっています。

■グレートコートのリーディングルーム

次に展示面で大きく変更された点としては、大英博物館を代表するロゼッタストーンの展示方法が変わったことがあげられます。展示室正面に展示されているのは同じですが、以前訪れた時は露出した状態で斜めに置かれていたように記憶しているのですが、現在はガラスケースに入れられて、ほぼ垂直に立てられた状態で展示されています。このため多数の観客が集中する時間になると、人影のためまだらな光線が入り石碑の表面がよく見えなくなります。時間を改めて見学に行った際には、人影もなく照明も充分当たっていました。しかし、かつての展示方法の方が、刻まれた文字を見るにはよかったのではないかと思います。もっとも、大切な碑の保存のためにはこの展示方法がいいのでしょうが……。

博物館の展示

この博物館の展示部門は、かつてはエジプト、ギリシャ・ローマ、西アジア、先史とローマ時代のブリタリア、中世・近世、オリエンタル、コイン・メダル、絵画素描、版画などに分類されていました。

現在では、かつての西アジアが古代近東部門、中世・近世がヨーロッパ部門、先史とローマ時代のブリタリアが先史・古代ヨーロッパおよびローマン・ブリタリア部門に名称が変わっています。このほかアフリカ部門、アメリカ部門、太平洋部門は、いずれも民族学部門から構成されています。さらにアジア部門は日本部門と東洋部門から構成されています。なおエジプト部門、ギリシャ・ローマ部門、コイン・メダル部門、版画・素描部門は以前と変更がないようです。

■チリ・イースター島の石像彫刻

■アッシリアの守護神獣神像

エジプト部門

エジプト部門の始まりは、先にも触れた「ロゼッタ・ストーン」のフランスとの解読競争に敗れた約二〇〇年前頃からでした。このころから世界の関心がエジプト文明に向けられ、イギリスも新たな調査隊をエジプトに送りました。

一八一六年、テーベのラメッセウム（ラムセス二世葬祭殿）からラムセス二世の胸像をもたらしました。また収集家ウォレス・バッジの協力を得てエジプト各地の発掘を進めていきました。この時代に大英博物館に収蔵されたものには、「アニの死者の書」をはじめ現在見られるミイラや棺をはじめパピルスなどの大半のコレクションがあります。これらの活動によって、エジプトコレクションは従来の三倍を超える量となり、質的に

■牛を使って耕作する

■石灰岩製の夫婦像

■ナイル川の川船

も世界に誇るコレクションとなりました。

ロゼッタ・ストーン

今はガラスケース越しの鑑賞となってしまいましたが、大英博物館の至宝であることには変わりありません。

この石碑は一七九九年に、ナポレオンの軍隊で、ピエール・フランソワ・ハヴィエ・ブシャールに率いられた分遣隊によって、ナイル川河口から一〇キロ東、プトレマイオ

■ミイラの棺の展示

■ロゼッタ・ストーン

■ロゼッタ・ストーンの解読

文字の解読には、スウェーデン人外交官のJ・K・オーケルブラッドやトーマス・ヤングなどが挑戦していました。フランス人言語学者シャンポリオンは、一八二二年九月に解読に成功しました。現在の古代エジプト文字研究の基礎を築いたのです。ロゼッタ・ストーンの材質は黒色花崗岩で、重量は七六〇キログラムあります。上部を欠いていますが、本来は現存部分より五〇センチほど高く、そこに王の姿が彫刻されていたと考えられています。

■ラムセス二世像

ス朝の首都アレクサンドリアに近い、ロゼッタ（エル・ラシード）村で発見されました。やがて、英仏戦争にイギリスが勝利し、アレクサンドリア条約にしたがって、イギリス王ジョージ二世に譲り渡されました。王はこれを大英博物館に寄贈しました。

ロゼッタ・ストーンは古代エジプトの石碑で、紀元前一九六年にメンフィスに召集された聖職者総会によって可決された法令が古代エジプト文字とギリシャ語の二つの言語で刻まれています。古代エジプト文字は、正式の場で記念碑などに書くのに使用されたヒエログラフと後世の草書体であるデモティックという二つの異なる文字で書かれています。

ラムセス二世像

大英博物館のエジプト関係の彫像の中でも最も大きいのではないでしょうか。二メートル以上の台座の上に置かれていることもあって、より大きな印象を与えています。

この像は、テーベのラメッセウムに安置されていたもので、第一九王朝のラムセス二世の胸像と考えられています。重さ七・二五トン、高さ二・六七メートルで、二色花崗岩の一枚岩から彫られています。ラムセス二世は紀元前一三〇四年頃に父セティ一世から王位を継承し、六七年間在位した人物です。

王の像はネメスの頭飾りをつけ、コブラの王冠をかぶっています。この像は対の一方で、十九世紀初頭には若いメムノンと呼ばれていたそうです。

ゲイヤーアンダーソンの猫像

エジプト、メンフィスアルイハサッカラーで出土した猫の坐像です。猫はエジプトでは神聖化されており、バステト神の化身とされていました。とくに古代エジプトでは膨大な数の猫がミイラにされています。その大半が子猫で、ミイラにするために殺し奉納したようです。

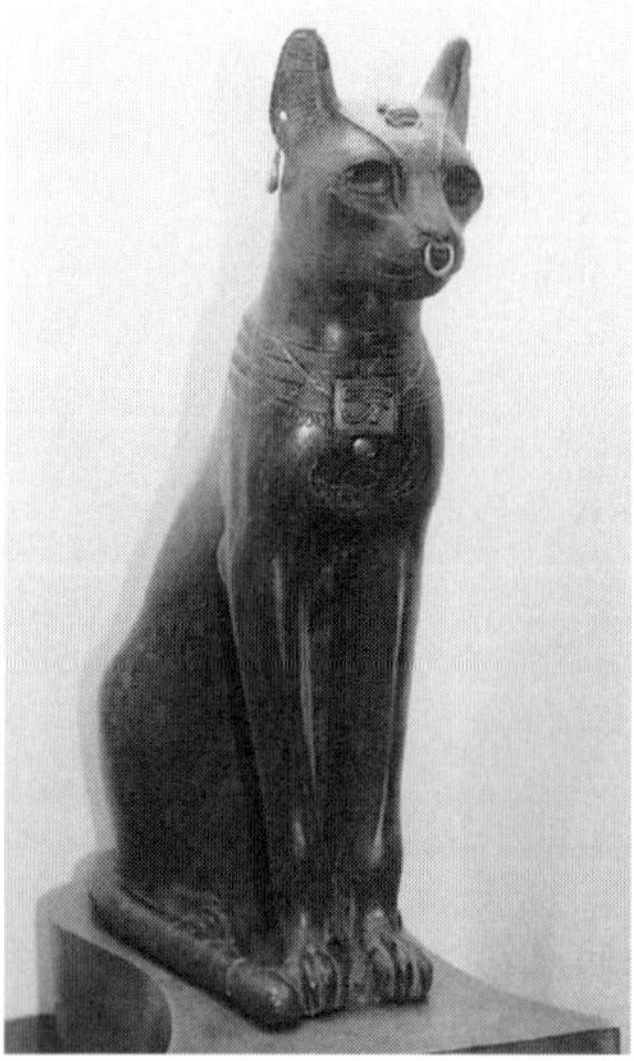

■ゲイヤーアンダーソンの猫像

猫が飼われるようになったのは紀元前一〇〇〇年頃で、ローマ時代にはその習慣が急速にヨーロッパ中に広まったと考えられています。

ギリシャ・ローマ部門

■うずくまるアフロディテ像

パルテノン神殿の彫刻

ギリシャのアテネ、アクロポリスの丘に建てられているパルテノン神殿に本来付属していた彫刻群です。神殿は、五世紀頃キリスト教の教会に改修された際に大きな損傷を受けます。さらにイスラム教の施設としても使用され、一六八七年にはヴェネチァ軍が放った一発の砲弾が、その時神殿を利用していたトルコ守備軍の火薬庫を直撃し、大爆発を起こしたのです。これによって壊滅的な破壊を受けた神殿は、大きな修復も行われず放置されます。一七九九年コンスタンチノープルの駐英大使となって赴任したエルギン卿は、当時依然としてパルテノン彫刻群が異教徒による破壊の危機に面していることを知りました。当時のギリシャは一四五八年以来、オスマントルコの支配下にありました。まもなく彼は碑文や像が刻まれた石の破片の移動をスルタン（皇帝）に申し出ます。スルタンの勅令による許可を得て、彼は移送を開始しますが、費用的に行き詰まり、イギリス政府にそれらの買い上げを求めます。議会は一八一六年、三万五千ポンドで購入に同意しましたが、その額は移送に費した半分にも足らないものでした。

この大理石彫刻群は、エルギン・マーブルズと呼ばれていますが、パルテノン神殿のうち壁、外壁の上端を一周する数々のフリーズ、破風彫刻の断面、南壁のメトープなどで、神殿の装飾には極めて重要なものです。とくに旗手と信者の長い行列を表現したフリーズは、四年ごとに行われるアテナ女神の生誕祭の風景を示したものと考えられています。

ネレイデス・モニュメント

トルコのクサントス出土品を復元したものです。その名称の由来は、正面の円柱の間に見られる、衣をなびかせている女性像によっています。彼女たちは海神ネレウスの娘たちと考えられています。

■パルテノン神殿のフリーズ

■ネレイデス・モニュメント

十八世紀、チャールズ・フェロー卿がクサントスから多数の墳墓をイギリスに持ち帰りましたが、その中で最も大きく壮観なものです。建物や彫刻の一部にはギリシャ様式が見られますが、これをつくったのはアナトリアの先住民のリュキア人です。この墓は紀元前四世紀初め頃のもので、クサントス郊外の険しい丘陵斜面の端に威風堂々と建てられていたものです。発見されたときは、崩れ落ちた状態のまま放置されており、地震による崩壊と考えられています。建物はイオニア式ギリシャ神殿で、内側に墓室があり、高い基壇のうえに構築されています。大英博物館で東側部分の復元が行われましたが、不明な部分が多くその当否についての論争があるようです。

古代のオリンピック競技

円盤投げの像です。現在は失われて見ることができないギリシャ時代のブロンズ像をローマ時代に大理石でコピーしたものです。イタリアのラティウム地方チヴォリにあるハドリアヌス帝の別荘で発見されました。一八〇五年、タウンリー・コレクションの一つとして購入されて博物館に入りました。現在この像は正面入口に近い階段の踊り場に展示されています。このほかにも、古代オリンピックに関する資料は、コインをはじめ壺、青銅器、彫像などに競技が描かれています。

■円盤投げの像（階段踊り場）

古代近東部門

古代オリエント部門とも呼ばれている部分です。かつては西アジア部門と呼ばれていました。既に紹介したように、この地域については、大英博物館とアメリカ・ペンシルバニア大学博物館との共同調査で得られた成果によるところが大きいといえます。

アジア部門

阿弥陀仏立像

白大理石製の高さ五・七八メートルに及ぶ巨大な仏像で、展示室のスペースには収まらないようで、階段の吹き抜け部分を利用して安置されています。階段を昇りながら白亜の仏像を鑑賞することができます。

■阿弥陀仏立像（階段の間に置いてある）

■ガンダーラの石像

この仏像は阿弥陀如来で、西方極楽の仏とされています。銘文から中国・隋の時代、開皇五年（五八三）、湖南省重光寺のものであることがわかります。一九三五年から三六年にかけてロンドンで開催された中国美術展を記念して、中国政府から一九三八年に寄贈されたものです。

このほかにも、インカ文明のヒスイの工芸品やアフリカ、ヨーロッパ各地の中世以降の民族文化財など多数が展示されています。すべてを見たいと思っても、あまりにも量が多く圧倒されますが、コーヒーショップで休みながらでもいいですから諦めずに見学してください。

ヴィクトリア&アルバート博物館
Victoria &Albert Museum

↓地下鉄サウス・ケンジントン駅

サウス・ケンジントン通りに面した入口を入ると、中央ホールに円形のインフォメーションカウンターがあります。係員が案内を行っており、パンフレットもここで入手することができます。ただし解説文は英語のみで日本語のものは見当たりませんでした。

まずレベル1の中国・日本のコーナーへ向かいます。中央ホールと比較すると少し照明が暗くなっています。

■ヴィクトリア＆アルバート博物館

廊下には石造彫刻があり、室内のガラスケース内には中国陶磁が並べられています。中国の唐~宋時代の白磁や青磁とよばれるもので、世界中に輸出された陶磁器の一つです。そのほか箪笥や机などの家具工芸品も無造作に置かれています。

さらに奥へ向かうと日本のコーナーです。ここではほとんどガラスケースに収められています。その理由はわかりませんが、小さな美術工芸品が多いからではないでしょうか。

陶磁器関連の展示ケースは、古墳時代と奈良時代の須恵器の壺が一点ずつ、瀬戸焼きと思われる灰釉陶器と信楽壺が各一点展示されています。これらの左側には小型の木彫の仏像と石造仏が置かれています。漆器関係では、桃山時代から江戸時代の蒔絵の美しい酒器が中心に集められていましたが、いずれも小型の製品が多く、花見などの物見遊山（ピクニック）に持っていった調度品でした。衣類では、刺し子半纏や防火服（火事場装束）などがあり、寒冷地域の製品と見られます。婚礼などの祝い事で箪笥の上部を覆う油単と呼ばれる型染め布や丸火鉢も同じケース内で見られます。キセルや根付のコレクションは、印籠や小柄と同じように板に貼り付けた状態で展示されています。日本の展示と中国の展示では、目を見張るものは見られませんでしたが、工芸品の収集に熱心な博物館というだけあって、

■仏像

■銀器のコーナー

■中世ヨーロッパの展示

美術工芸分野については充実しているといえるのではないでしょうか。

次に注目されるのが銀製品のコーナーです。小型の縦長のケースに銀製品が配置されています。銀製品は毒に触れると変色することから、王侯貴族の食器によく使われていますが、ここでは食器類のほかに、教会で礼拝に使用された銀器や花瓶や室内装飾に用いられたものなどさまざまな用途のものがたくさん展示されています。いずれも表面には細かな彫金細工が施されており、当時の王侯貴族の趣味を満足させるに充分だったと思います。

銀器のコーナーはとくに長い展示室の端から端まで使用されており、力を入れていることがわかります。また中央部分には、銀器を学ぶコーナーと発見のコーナーがあり、インストラクターの女性の説明を聞くことができます。前者は銀器の扱い方を体験するコーナーで、後者は銀製品の出来るまでを解説するコーナーです。ここには銀採掘時の道具や加工段階の工具などが展示されていました。

■インテリアコーナー

■中世ヨーロッパの展示

次に中世ヨーロッパのコーナーへ向かいます。ここにはイタリアルネサンスの時期に製作された木造彫刻や石造彫刻が集められています。広い空間を使って教会の一部を組み立てたり、教会内部の装飾彫刻を展示するコーナーなどがあります。

十年以上前にこの博物館を訪れた時は、ケースの森に迷い込んだという表現がぴったりするほど、展示ケースが林立する中を見学者が歩いたものでした。例えば陶磁器などはケース内にぎっしりと詰め込まれ、今にも倒れそうに見えましたし、鉄扉や家具装飾も所狭しと展示されていました。それが現在では室内は明るく、見やすい展示に変わっています。

ギルバート・コレクション
Gilbert Collection

↓地下鉄テンプル駅

テムズ川に沿って建つ、サマセット・ハウスの一角にある博物館です。アーサー・ギルバート卿の個人コレクションの寄贈を受けて二〇〇〇年に開館しました。ヨーロッパの金銀細工、モザイク、宝飾品などから構成されており、豪華絢爛という言葉がふさわしいコレクションです。

ギルバート・コレクションのカタログの表紙にはバード・リッジと呼ばれる台上に羽根を閉じた鳩のように見える鳥の置物が使われています。ドイツのニュルンベルグで一六〇〇年頃に作られたものです。表面にはパールやルビー、エメラルドなどの宝石がちりばめられた繊細かつ豪華な銀細工で、多くの観覧者の目を引いています。鳥の力強い足がとらえている台の部分

■ギルバート・コレクションの入口

も側面に植物文様を透かし彫りにしており、豪華さを引き立てています。

ロンドンで一五五三年～五四年に作られた鋳造された瓶は高い台の上に植物文様を浮きださせたもので、世界に三点しか類例が知られていない銀製品です。このほかにも白銀色や黄金色の銀器が多く展示されており、世界一豪華なコレクションといっても過言ではないでしょう。

このほか、ローマのミクロ・モザイクといわれる細かなモザイクの壺やテーブルなども見ることができます。

パーシヴァル・デイヴィッド中国陶磁コレクション

Percival David Foundation of Chinese Art

↓地下鉄ラッセル・スクエア駅

■パーシヴァル・デイビッド中国陶磁コレクション

大英博物館の北側にほぼ隣接するようにロンドン大学のキャンパスが広がっています。この博物館は、ロンドン大学の校舎の一角にある中国陶磁コレクションを展示公開する大学付属の博物館です。パーシヴァル・デイヴィッド卿は、二十世紀で最も名前の知られた中国陶磁のコレクターでした。そのコレクションは一九一四年以来五〇年にわたって行われており、中国の王朝コレクションも含まれています。一九五〇年に彼のコレクション一五〇〇点がロンドン大学に寄贈されました。このコレクションは教育研究に有効に利用されているばかりではなく、広く公開し、中国美術の理解に役立てられています。

　博物館は入口を入ると受付があり、そこではガイドブックなどが販売されています。

　一階には染付コレクションがありますが、展示室の大半が閉鎖中でした。二階には展示室が二室あります。ここでは各室ともに窓側部分を除いた三方と中央にケースが配置され、龍泉窯系の青磁瓶、鉢、壺などのほか官窯（景徳鎮）の製品など大小さまざまな陶磁器がケース内三段のガラス板に横一線にぎっしり詰めて並べられています。

■展示室

　中央のケースには大盤、下方には瓶という二段構成の展示で、上部のものは元、明（十四世紀）頃、下段のものは明景泰五年（一四五四）と泰定四年（一三二七）の銘が刻まれています。このほか三階でも鈞窯、建窯、越窯、河南などをはじめとする青磁、白磁、染付などの陶磁器を多数見ることができます。

そのほか考古学・民族学を知る博物館

ウィンチェスター宮殿跡
Winchester Palace

▼地下鉄ロンドン・ブリッジ駅

　ロンドン・ブリッジ駅からテムズ川沿いに西側に歩くと、道の左手（南側）にのこされた廃墟がウィンチェスター宮殿跡です。この宮殿は、一一五〇年頃から十七世紀中頃までウィンチェスター司教のロンドンでの住居でした。そこでは教区での活動のほか来客の接待にも使われました。十四世紀の中頃には、ウィンチェスター司教はかなり豊かで、荘厳な宮殿はその富と権威を象徴するものでした。

3 科学・技術・建築史を知る

自然史博物館
科学博物館
ロンドン交通博物館
王立グリニッジ天文台
庭園史博物館
海事博物館
クロックメーカーズカンパニー博物館

恐竜が地上を闊歩し、多くの原始植物が生育していた時代は、今や化石でしかたどることができません。イギリスはかつてはヨーロッパ大陸と陸続きであったとされています。

恐竜の巨大な化石を復元し、恐竜が生きた時代をわかりやすく見せてくれるのが自然史博物館です。また科学の発展を説いてくれるのは、科学博物館です。

科学にはさまざまな分野があります。ここでは、自然史や科学の発展の歴史を知ることができる博物館を訪ねてみましょう。

自然史博物館

Natural History Museum

↓地下鉄サウス・ケンジントン駅

　大英博物館は、ハンス・スローン卿のコレクションから出発していること、つまり自然科学資料が大半を占めていたことはすでに紹介しました。一八六九年、これらの自然科学資料を中心にサウス・ケンジントンに新たに博物館が創立されました。これが現在の国立自然史博物館です。正面から見るとバロック様式の左右対称の建物で、ビッグベンで有名な国会議事堂、ウェストミンスター宮殿の建物と似ているようにも思えます。

■自然史博物館

　博物館の横の鉱物ギャラリー側の入口から入館しました。ヴィクトリア&アルバート博物館にも科学博物館にも近い入口です。すぐにエスカレーターがあり、その左右には地球をイメージしたようなイルミネーションやパネルが見られます。エスカレーターで最上階まであがると鉱物、岩石の展示が始まります。まず、岩石の生成過程を示すジオラマやその種類を説明するパネル、ビデオ映像、さらに実物の岩石資料などが展示されています。

　この博物館は見学順路の通り歩くよ

うになっているため、かなり長い距離になるのですが、展示テクニックが素晴らしいのであまり苦痛は感じませんでした。

少し歩くと、日本語で「神戸」と書かれた看板が目に入ります。スーパーマーケットを模したジオラマのようですが、神戸の町を紹介したものではなく、先ごろの阪神大震災を体験させるコーナーです。中へ入ってしばらくすると床が揺れ始めます。大きな揺れではないのですが、地震に慣れている日本人と違い、イギリス人には恐怖の体験になるかもしれません。

■地震が体験できるコーナー

■アースギャラリー入口ホール

一通り地球の成り立ちや地質学、岩石学についての展示を見た後は、連絡通路を通って本館に行きます。本館のロビー・ホールには大きな恐竜の骨格標本が展示されています。

この博物館は、ライフ・コーナー、ダーウィン・コーナー、アース・ギャラリーで構成されています。アース・ギャラリーすなわち鉱物、地学部門の展示は見てきましたので、次に行きましょう。

■メインホール

一階の左手のフロアは、恐竜の展示に当てられています。まず順路にしたがって、歩道橋のような中二階の展示に誘導されます。歩道の左右には、小型、中型の恐竜の骨格標本が展示されています。このコーナーは、延々と続きます。歩き疲れた頃に階下への階段があります。ここが人の大渋滞ができるところです。階段を降りたところに恐竜のジオラマがあり、恐竜が吼えているのです。子供連れの観覧者たちが、恐竜との会話や記念撮影を楽しんでおり、なかなか前に進まないのです。下のフロアでは、今まで歩いた分戻ることになります。相当な距離を歩いていることになりますが、さまざまな骨格標本やパネル、さらには、恐竜が卵生であることを説明するための巣と卵の復元ジオラマの展示などがあり、帰路も恐竜の世界を十二分に楽しめるように工夫されています。

さらに「人間との出会い」というコーナーも用意されています。恐竜たちが生存していた時代には人類はまだ出現していないのになぜこんなコーナーがあるのかと不思議に思われるかもしれません。ここでは、人類が恐竜に関心を持ってさまざまな調査研究を行ってきた時代のことを解説しています。化石の発掘、本格的な骨格標本の復元など、ジオラマやパネルで詳しく紹介されています。

Science Museum 科学博物館

↓地下鉄サウス・ケンジントン駅

自然史博物館と隣接している博物館です。受付を通って中に入ると、蒸気機関のような大型の機械があります。自然史博物館と同様、この博物館でも見学者の多くは子供連れの家族でした。

入口から展示室に至る通路の右側にミュージアムショップがあります。科学に関する玩具類が中心で専門書などの書籍はほとんど置かれていませんでした。博物館の展示内容は、『サイエンスミュージアムの内容』というガイドブックに詳しく書かれています。これによると、科学博物館のコレクションは、科学技術と工業の発展の歴史を示すもので構成されており、展示は「工業と技術」「科学」「社会」「歴史」というコンセプトで行われているようです。

「工業と技術」では、科学と工業の技術革新を中心にコレクションされています。製造工業と交通に新しい手段を提供したエンジンと機械が展示されています。産業革命によって新しく産み出されたさまざまな工業製品と革命の状況を描いた絵画作品も注目されるでしょう。これらは主として一階に展示されています。蒸気機関車から、自動車、ジェット機、さらにロケットの動力までが集められています。さらに、ラジオ、テレビ、電話という通信手段も科学の発展に大きな役割を果たしてきました。一八五八年の電話機が展示されていました。携帯電話を

■科学博物館

見慣れた最近の若者には理解しがたい形かもしれません。

「社会」のコーナーでは、医療とコミュニケーションに大きな変革をもたらした科学技術の発明や発見を紹介しています。医療技術については、一八九五年当時と一九八〇年当時の手術室の様子をジオラマで忠実に再現しています。一世紀以上前の医療現場を見ると、何となく不気味な感じがします。

展示品には、一五六〇年の大型の投薬箪笥に収められた一二六個の大小の瓶に入った薬品が見られます。三段の引き出しがつき、鍵がかけられる頑丈な構造をしており、箱全体が黒く塗られ、蓋の内側には美しい風景画が描かれた豪華なものです。さらに最近のX線透視装置やMRIも展示されています。

■薬局店頭のジオラマ

「交通機関と自動車」のコーナーでは、アーミー・ジョンソンが一九三〇年五月に女性単独でオーストラリア、イギリス間を六一時間で飛行した時の複葉機、アポロ一〇号の宇宙船まで、新旧の空の交通機関の展示があるほか、自転車、自動車、ソーラーカーなどの地上の交通輸送手段、また農耕機械(耕運機)なども見ることができます。さらに、カメラ、ミシン、タイプライター、織機、洗濯機、蓄音機、ゲーム機など、家庭用から工業用機械まで、充分に堪能できるでしょう。

■医療科学の展示(東アジア)

London's Transport Museum
ロンドン交通博物館

↓地下鉄レスター・スクエア駅

■交通博物館

広場に面して博物館の入口があります。交通博物館は、鉄道やバスなどの地上交通を中心とした科学館です。日本でも東京や大阪などに同様な施設があります。訪れた日は金曜日だったのですが、なぜか子供たちの歓声が満ちあふれ、外のテントのお祭り状態よりも騒々しいように感じました。交通博物館は、子供たちにとって楽園なのです。子供に付き添っている親たちも昔の郷愁に浸って楽しんでいるようでしたが……。

ロンドン市交通局の施設だけあって、かつてロンドン市内を走っていた二階建ての路面電車や鉄道馬車が、隙間なくびっしりと並べられています。車両の間は、わずかに人一人が歩ける程度でした。また車両の中に入れるところもあります。椅子に腰掛けてみましたが、板張りの椅子の座り心地は決してよいものではありません。

ロンドンでは二階建てが好みらしく、二階建てバスやトロリーバスが一階フロアにぎっしりと並べられています。バスは初期の二階建てバスから現在のものまで時代を追って展示されています。ところで、二階建てバスの二階に屋根がない車両があります。雨天の際にはどうしたのでしょ

■二階建てバスがぎっしり

うか。ちなみに、二階建ての構造は、かつての大英帝国の身分制度によるものだという説があります。上位階層の人は上階に乗車し、そうでない者が下層部分に乗車するのだというのです。実際に二階建てのバスに乗ってみましたが、二階の方が揺れが強く、一階より乗り心地がよいとはいえません。身分制度の賜物とすると上位階層の人は乗り物に強かったのでしょうか……。

展示フロア二階には、螺旋階段か正面の広い階段を使ってあがります。階段をあがると、そこには蒸気機関車や電気機関車の実物と共に客車がレールに乗って展示されています。

客車の内部には当時の服装を着た人形が置かれ、かつての列車の

■蒸気機関車

■かつてのチケット売り場

旅の雰囲気が伝わってきます。客車も初期段階のものだけではなく、各時代のものがあり、客車の内装の変遷も見ることができます。

なお、ここにはあまりに多くの展示物があるためか、本来ならば関心を集めるはずのジオラマや動態展示を見ている人が少ないのが残念でした。展示室の奥では、ロンドンの交通の歴史を物語る写真を中心にしたパネル展示が行われていましたが、ここは見学者の関心は薄いようでした。

「子供コーナー」と表示された学習コーナーがあったので覗いてみました。色とりどりの柔らかな素材で出来た正方形や円柱形、三角形などの積み木風の遊具が置いてありました。さらに鉄道やバスの乗務員の服装を着用するコーナーもあり、子供連れの家族には好評のようでした。

螺旋階段を下りると、二階建てバスがボンネットをこちらに向けて並んでいます。その間を通り抜けると、かつてのチケット売り場の建物が再現されています。中に人形がなかったのは少々残念な気がします。

車両という展示物の大きさに対して、博物館が小さすぎるように思えましたが、その分、短時間に充実した見学ができる博物館でもあるのです。受付の反対側には、小さなミュージアムショップがありましたが、博物館のカタログやポスターカードなどのミュージアムグッズの定番商品は見られず、玩具が中心のようでした。

王立グリニッジ天文台
The Royal Observatory Greenwich

⬇DLR線カティサーク駅、グリニッジ駅

グリニッジというとまず「標準時間」が思い浮かぶでしょう。現在、この天文台と歴史的な景観を残すこの街は、世界遺産に登録されており、海事博物館や大学などの施設がある港湾都市です。

王立天文台は、一六七五年六月二二日にチャールズ二世によって設立されました。当時イギリスは、世界の海に飛躍していた海事大国でした。自国の船舶の安全航海のために天文台をつくったのです。航海中の船は、現在位置を正しく知ることがとても重要です。とくに陸地が見えていないところでは、経度を正確に測ることが求められました。十八世紀以前には海上で経度を知る方法を発見することが重要な課題だったのです。

■王立グリニッジ天文台資料展示室

そこで、星や月の天文観測から経度を求めるという方法が考えられました。一六七五年チャールズ二世は、ジョン・フラムスティードを初代天文台長に任命して、不動の星の位置を集成して、航海術の改善に資する必要な各所の経度を確定することを命じました。

この成果は一七六七年五代目の天文台長ネヴィルマスケリンの『航海暦』によって公表されました。これにより航海中の経度観測、確認が容易となったのです。こうした航海学の大きな飛躍によって、世界の海図制作は十八世紀から十九世紀イギリスを中心に進められました。

なお十九世紀までは、フランスはパリの天文台の子午線、イタリアはナポリの子午線、スペインはフェロの子午線などとそれぞれの国で基本とする子午線の位置が異なっていました。

一八五〇年代になって、世界共通の経度と時計を定める必要があるとの声が高まってきました。一八八四年、これらの問題を話し合うためにアメリカ・ワシントンDCで二五ヶ国が出席して国際子午線会議が開催されました。約一ヶ月の議論の末、イギリス・グリニッジの子午線を経度〇とし、これを基本として世界の子午線を決定するということが同意されたのです。さらにこの子午線から東の経度は、プラス、西の経度はマイナスになるということも併せて決められました。

やがて一九五〇年代には王立グリニッジ天文台は、サセックスのハースモンスーの新しい建物へ移転することを決めます。これにより、グリニッジの施設は、国立海事博物館の管理下となりました。一九九〇年には王立天文台はケンブリッジに移転し、一九九八年一〇月に王立グリニッジ天文

■天文台の入口

台は正式に閉鎖されました。この閉鎖によって、グリニッジ天文台は三〇年間、「旧王立天文台」とされていました。やがて女王の勅令により「王立天文台グリニッジ」と改称され、現在に至っています。

現代では、人工衛星を使って現在地を知ることができる装置（ＧＰＳ）も開発され、カーナビゲーションとして多くの人が自動車に装備しています。むろん船舶でも利用されています。

天文台は、海事博物館の後ろにある小高い丘の上にあります。博物館の広い緑の広場にある並木道が天文台への道です。長い緩やかな坂道が続きますが、周囲の景色を楽しみながら歩いていくと、まもなく天文台に着きます。海事博物館を見学した後、気分転換には適度な散歩道でしょう。

天文台の入口には子午線が地面に描かれており、世界各地の地名も記載されています。多くの見学者は、この子午線の上で記念撮影をしています。子午線から奥に行くと天文台に関する歴史資料が展示された博物館があります。あまり大きな建物ではないので展示品も多くないのですが、天文観測の機械などを見ることができます。

天文台前方のテラスからは、世界遺産に登録されているグリニッジの市街地、テムズ川河口と湾が一望できます。

庭園史博物館
Museum of Garden History

↓地下鉄ウェストミンスター駅

テムズ川に沿って南北に走る道路沿いの教会がこの博物館の建物です。教会の入口を入るとすぐに受付があり、ここでチケットを求めます。受付の左手奥はミュージアムショップで、植物、ガーデニングに関する書籍や道具類が売られています。展示室では、小型で縦長のケースに入れられた庭仕事の道具類、緑鮮やかな観葉植物が植えられたプランター、さまざまな種子を見ることができます。教会の中は普通暗い雰囲気なのですが、

■庭園史博物館

ここは明るく、壁面や天井のステンドグラスなどが目に入らなければ、教会であったことを忘れてしまいます。

一九七七年、セント・メアリーアット・ランベス教会の建物崩壊の危機から救うためにトラデスカント・トラスト協会が設立されました。この協会は、この教会建物、敷地を用いて庭園史博物館を開館しました。現在では植物に関する催し物や講演会場などに館が利用されています。

ところでジョン・トラデスカント父子は、イギリスでは有名な庭師で、初代のソールズベリー卿、バッキンガム公爵、チャールズ一世、ヘンリエッタ、アリアなどたくさんの人物に仕えました。欧米を旅行し、その旅行先から多くの華や樹木を持ち帰り、ランベスの自宅の庭で増殖を行いました。これらのコレクション多数が収められているのがオックスフォードにあるアッシュモレアン博物館です。

父子の墓は、セント・メアリ・アット・ランベス教会の中庭にあります。その隣には戦艦バウンティ号のブライ提督の墓があります。この場所は、カンタベリー大司教のランベス宮殿に隣接しており、ジュビリー・ウォーク（散歩道）の道筋にも当たっているとのことです。なお教会は一九七二年に閉鎖しましたが、トラデスカント・トラストが一九七八年に再建支援を国民に呼びかけて以降、復旧作業が継続されてきました。とくに中庭の一部は、十七世紀の庭園設計を復元し、トラデスカント父子自身の手になる植物や当時の植物のみを植樹しています。

■トラデスカント父子の棺

ところで、このトラデスカント・ガーデンは一九八三年エリザベス女王の妹を迎えて開園し、一九八六年にはチャールズ皇太子がトラデスカント・トラストの後ろ盾となったことから、強い関心を寄せられているようです。ガーデンには年間四万人以上の来訪者があり、博物館のコレクションも充実しつつあるようです。

コレクションには、ゲートルート・ジギルが所有していた机二点、内表紙に署名の見られるジョン・エヴァリニの一六五六年版の『トラデスカント植物園』および十五世紀の神話『タタールの植物、小羊』などがあります。また一九九〇年には、庭園の作業には不可欠な庭仕事の道具類など関連する骨董品の重要なコレクションを購入しています。コレクションのうち机は右手奥の一角に、道具類はガラスケース内に展示されています。

ガーデンへの出口にはコーヒーショップがあり、その香りが庭にまで漂っていました。博物館、ガーデン共にそれほど広くはないのですが、充実した展示と色とりどりの草花が好感を与える博物館です。

海事博物館
The National Maritime Museum

↓DLR線カティサーク駅

グリニッジの海事大学の奥にある博物館です。

周囲を囲っている柵から内部に入ると、左右に芝生の広場が広がっています。中央に博物館へ続く直線の道があり、両側の芝生には錨が二つずつ野外展示されています。

■海事博物館

博物館の中に入ると、正面にインフォメーションがあります。左手が特別展、右手が常設展示に分かれています。右へ進むと、すぐにクロークカウンターがあり、ついで外輪船の推進部分の模型が展示されています。模型といってもかなり大きいもので、まるで実物が置かれているのではないかと思うほどです。入口側にはスクリーンが設置され、この博物館の展示内容の概要が映し出されています。

このフロアには、救命ボートが床から五メートルほどの支柱に支えられた状態で展示されていますが、位置が高いので上の階から見ないとわかりません。まず船底を見学してから、内部は二階から眺めることになります。

続いて船室のドアがいくつも続いています。ドアを開くと船員服を着用したマネキン人形や衣服が展示されています。見学に来ていた子供たちは、このドアを使ってかくれんぼをしていました。このドアを開くと、自動的に解説テープが回る仕組みになっています。全部聞くにはかなりの時間がかかりますが、内容はよくできています。

再び中庭スペースに出ます。ここには十人程度で漕ぐ手漕ぎ船があります。上面が金色に塗られた、豪華なものです。同時に展示されていたアルミ製の平底の高速艇とは対照的でした。このほか帆船や商船の模型、かつての航海の経路や旅行の内容などを解説したコーナーもありました。とくに「船旅の二つの世界」というコーナーでは、上等船客と下等船客の差をジオラマやビデオで見せています。ジオラマセット内は歩けるようになっており、より鮮烈に上下等の二つの世界が区別されていることがわかります。

さらにここでは、一九六八年建造のクィーン・エリザベス二世号、そして一九九八年建造のグランド・プリンセス号の模型が展示されています。グランド・プリンセス号は総トン数一〇万九〇〇〇トン、長さ二九〇メートル、最高速度二二・五ノット、クルー一一五〇人、旅客二六〇〇人です。ビックベンの高さが九〇メートル、エッフェル塔は三〇〇メートル、タイタニック号は二七〇メートルです。グランド・プリンセス号がいかに大きいかがわかるでしょう。

少し変わったものとしては、潜水作業や潜水艇、魚雷、造船などの歴史を示す資料が集められています。水中作業時のマジックハンドの操作や、水中でのクレーン作業の状況が手に取るようにわかります。また多くの実験道具や工具が備えられており、子供たちがそれらを使って結構楽しんでいました。その傍らでは大人が数人、作業用の機械に挑戦していましたが、なかなかうまくいかないようで、子供から冷やかされているのは気の毒でもあり、また滑稽でもありました。

ミュージアムショップでは、この地域が世界遺産に登録されている「グリニッジ港湾都市」ということもあって、世界遺産のシンボルマークの入った関連のグッズが多いようでした。

クロックメーカーズカンパニー博物館
Clockmaker's Company Museum

➡地下鉄セント・ポール駅、バンク駅

ギルドハウスと呼ばれるオフィスビルの中に設置された博物館です。入口では厳重なセキュリティチェックがあります。イギリスの他の博物館ではX線透視を用いた本格的なチェックは見られなかったのですが、ここは予想に反して厳重なものでした。

■クロックメーカーズカンパニー博物館

左手に展示室があります。全体に展示室内は明るく見やすくなっています。展示品には家具や絵画もあり、時計に特化している博物館のイメージを少し薄めているようでした。

1から18の展示ケースはイギリスでの時計の歴史を概観するものです。少し詳しく見てみましょう。展示1～3では、パネルによって時計の歴史を解説しています。時計あるいは時を知らせるものの実物は十五世紀以前は残されていないのでしょう。展示4には一五二〇年から一六二〇年のイギリス国内で生産された時計、展示5では一六二〇年から一六四七年までの時計と続きます。展示14では時計の製作や修理に用いられる工具、さらに時計の各部品が展示されています。展示11では十八世紀にイギリス国内で生産されたたくさんの懐中時計が並べられています。文字盤の形状などはいずれも似ているのですが、裏蓋表面に金銀細工や七宝焼きで装飾された美しい文様が楽しめるものが多く見られます。その時計を持っている人にとって気品とプライドを誇示するものであったのでしょう。

展示されている時計は古いものが多いのですが、今も時を刻んでいるものもあります。館の職員が油をさしたり、ぜんまいを巻いたり、正確な時刻を合わせたりしています。しかしわれわれ観客の見ている前でケースを突然開いて、そうした作業を行っているのを見た時はさすがにその大胆さに驚きました。

4 軍事・武器に関する博物館

イギリスは周囲を海に囲まれており、ヨーロッパ諸国の中では比較的国境紛争が少ない国のように見えます。しかしアイルランド紛争などのように隣接する地域との紛争もあります。

中世の大航海時代以来、世界各地に進出していたイギリスは、いくつもの戦争に参戦してきました。隣国フランスとのトラファルガー海戦をはじめクリミア戦争、アヘン戦争、第一次、第二次世界大戦など枚挙に暇のないほどです。こうした戦争に関する展示を行っている博物館がイギリス国内にはいくつかあります。

これらの博物館では、戦争そのものや武器の発展などをことさら賛美・顕彰したり誇示するのではなく、戦争で犠牲になった人々の追悼と名誉のためという目的で展示が行われているのも注目すべきでしょう。

帝国戦争博物館

Imperial War Museum

↓地下鉄ランバス・ノース駅

■帝国戦争博物館

広い公園の一角にあります。正面の門を入ったところに巨大な大砲が二門置かれています。手入れが行き届いているせいか、砲身は銀色に輝いており、黄色に塗られた砲弾を詰め込むといつでも発射できるように見えます。

この博物館は一九一七年、ロンドン博覧会会場の跡地に設立されたものです。一九二四年、かつて精神病院として使われていた建物に増改築を加えて、博物館を移築したのです。ガイドブックにかつての病院の風景写真が載っています。入口で簡単な荷物のセキュリティ・チェックの後、受付をへて入館します。すぐ大きなホールがあります。中央部分は吹き抜けで、ドーム上の屋根がついています。建物は、ドーム部分の左右に三階建ての建物が続いています。ホール吹き抜け部分の一階には第二次世界大戦で活躍した戦車、水陸両用戦車、野戦砲、潜水艦、爆弾、地雷などの武器類が、これでもかと展示されています。

天井を見上げると、ドイツの戦闘機メッサーシュミットとそれを追撃するイギリスの戦闘機スピットファイヤーが吊り下げられています。イギリスの戦闘機がドイツ機を追撃している様子を実物で展示することで、イギリス空軍の優秀さを誇示しているのでしょう。

飛行機の展示は、第一次大戦頃から登場した複葉機など五機が翼を接するように天井から吊るされています。少年時代にプラモデルで組み立てたことを思い出し、何ともいえない懐かしさを覚えました。普通は交戦国の戦闘機は展示しないように思うのですが、この博物館では双方の勇姿を展示しています。撃墜されたドイツ軍爆撃機の操縦席などを見ると、戦争の現実が伝わってきます。

戦車は、第一次大戦から第二次大戦のものまで展示されていました。

二階にはコーヒーショップがあり、見学者の憩いの場となっています。しかしこの近くのガラス・ケースにも携帯用の武器、例えば

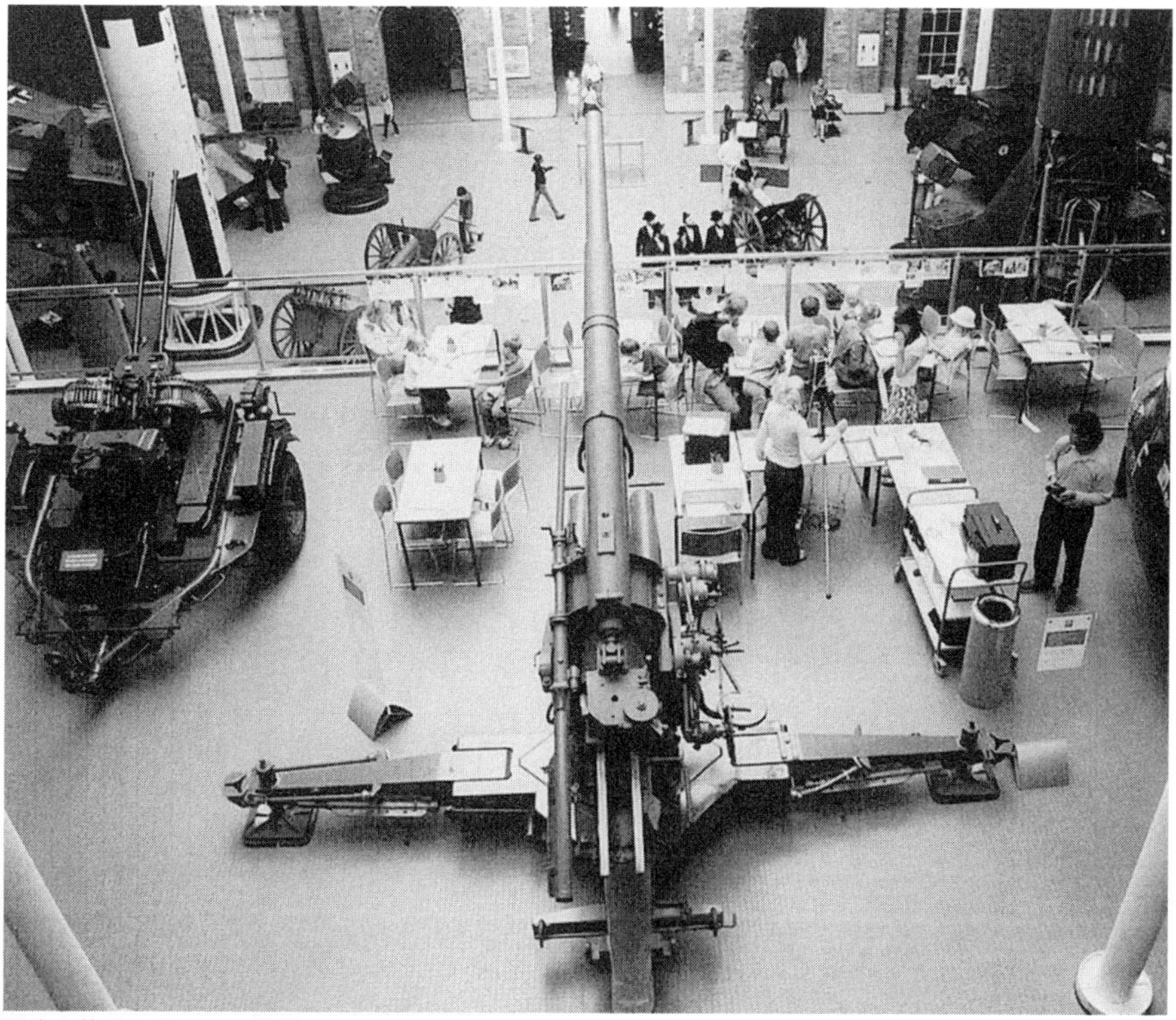

■吹き抜けのホールの展示

■天井から吊り下げられている戦闘機

短剣、短銃、手榴弾などの武器が展示されています。またコーヒーショップのテーブルの周りにも野戦砲や爆撃機の先頭操縦席部分などが置かれています。

この階の一方の隅には、戦争をテーマに描かれた絵画ギャラリーが設けられています。戦場での戦闘場面や負傷兵の姿など悲惨な情景が描写されています。

さらにこの展示の一角ではウィリアム・ロバーツが描いたパステル画が展示されていました。作品は強調された線で描かれた独特なもので、シンプルであるが故に、より具体的で現実的な表現となるという効果があります。ロバーツは、カナダの新聞社に勤務した後、一九一八年にイギリスに帰国し、軍のインフォメーション関係の仕事を担当しました。

ギャラリーを後にして、再び一階展示フロアに戻ります。天井に向かって直立する緑色のV2ロケットを見ることができます。第二次大戦中の一九四一年にドイツで開発された無人攻撃ロケットで、イギリスではこの攻撃は防ぎきれないとされていました。この間、V2ロケット六五〇〇以上の攻撃があり、八九三八人もの人命が失われています。

陸軍博物館 National Army Museum

■陸軍博物館

↓地下鉄スローン・スクエア駅

外観は三階建てで、周囲を格子状の柵で囲ったような形をした小さな博物館です。入口までの道幅も狭く、傍らに小さな大砲が置かれていることで、この施設が軍事関連のものであることがわかるという程度です。外見からは大イギリス帝国の軍隊を顕彰する博物館とは思えません。

展示内容は、イギリス陸軍が創立された時代から現代に至るまでのものですが、どこかで同じような展示を見たような気がしました。それはロンドン塔内の陸軍博物館（フュージリア博物館）でした。ロンドン塔の博物館は一つの部隊の歴史を扱っており、ここはイギリス陸軍全体の歴史を紹介しています。

ミュージアムショップに続いて展示室は上下に別れます。まずは盾や矛という中世以前の武器、洋弓の展示から始まります。

一階ではヴィクトリア時代の軍隊が紹介されています。主として当時の服装と装備が展示されています。勲章類は、胸につけるもののほかに襟に付けられる襟章や肩に付けられる肩章など、栄誉や身分階層に応じて与えられるものが並べられています。ナポレオンと戦ったワーテルローの戦いの展示もこのフロアの中心をなすものです。このコーナーでも当時の軍服と勲章類、さらには武器などの装備が展示されていました。

次にエレベーターで三階まであがりました。ここは世界大戦をテーマにして描かれた絵画と今日のイギリス軍の状況がメインテーマのようです。イギリスらしさとでも言うのでしょうか、紅茶ポットとカップが置かれた兵舎での生活の様子がジオラマで表現されています。兵舎の隅で靴磨きをする兵士、ベッドの上で自分の装備を整えて直立している兵士のジオラマは、軍隊生活における規律の厳しさが伝わってくるようです。

近年の戦争関係ではボスニア、北アイルランド紛争での遺品が展示されています。これらの戦争は、日本人がテレビや新聞のニュースで知る以上に軍にとっては大きなものであったようです。国連軍の一部としてイギリス軍が参加した朝鮮戦争時の装備や服装、さらには一九五〇年から一九五四年の参加章なども展示されています。天井から吊るされた無人偵察機は異様な雰囲気をかもし出しています。

女性兵士の姿も男性兵士とともにパネル写真で紹介されています。軍隊生活の中でのスポーツ、音楽などの活動もあるということを紹介しています。

受付の右手にミュージアムショップがあります。館のガイド・ブックは残念ながら販売されていませんでした。「イギリス兵士とＤｄａｙキャンペーン」という冊子が目についたので買いました。これは「Ｄｄａｙ」すなわち一九四四年六月六日に決行されたノルマンディ上陸作戦をまとめた内容です。なぜＤｄａｙなのか？　なぜノルマンディでなければならなかったのか？　いつからカウントダウンが始まったのか？　イギリス軍はどのように行動したのか？　食事の配給は？　などさまざまな内容について解説しています。このほかには、軍隊関係の書籍や絵本、ポスター、Ｔシャツなどが販売されていました。

■野外に置かれた大砲

フュージリア博物館

The Fusiliers' Museum

↓ロンドン塔内

■フュージリア博物館

正確には英国陸軍フュージリア隊博物館といい、ロンドン塔の一角にあります。

陸軍フュージリア隊は一六八五年、ロンドン塔に保管されている大砲を守備するためにジェームス二世によって設立されました。フュージリアとは、フュージルと呼ばれる改造されたマスコットの銃を最初に装備したことから名付けられました。フュージリア隊は数々の戦争に参加してきました。独立戦争、ナポレオン戦争、クリミア戦争、ボーア戦争、第一次世界大戦、第二次世界大戦、北アイルランド紛争、湾岸戦争などです。

ここにはそれぞれの戦争の概要、作戦や隊が関係した戦闘の様子を展示しています。しかし、軍隊の厳しさや過酷な戦いを展示してはいますが、決して戦争そのものを賛美するものではありませんでした。また隊の輝かしい戦歴についても、必要以上に美化したり誇示するものではないようにも感じました。

この博物館の珍しい展示品に、大きな鉄の長靴があります。猛毒の塩化水銀を故意に脚に塗って傷を創り、長い厳しい訓練を傷病兵として逃れていた兵士に対し、仮病をつかえないようにするためにこの靴をはかせたといいます。この鉄の長靴を履くと、傷はわずか十二日で治癒したといわれています。自らを傷つけてま

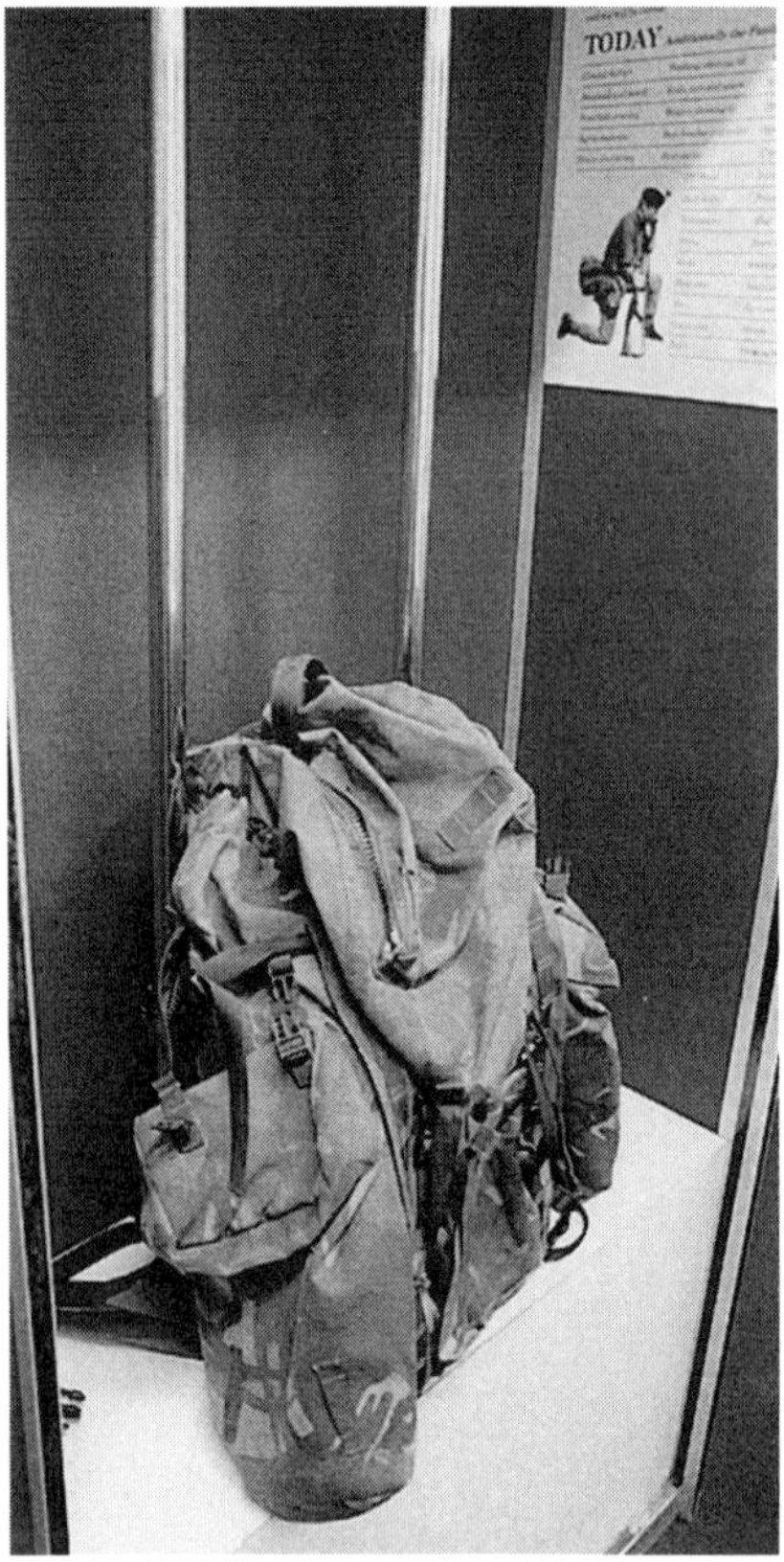

■兵士の装備約30キロの重さを体験できる

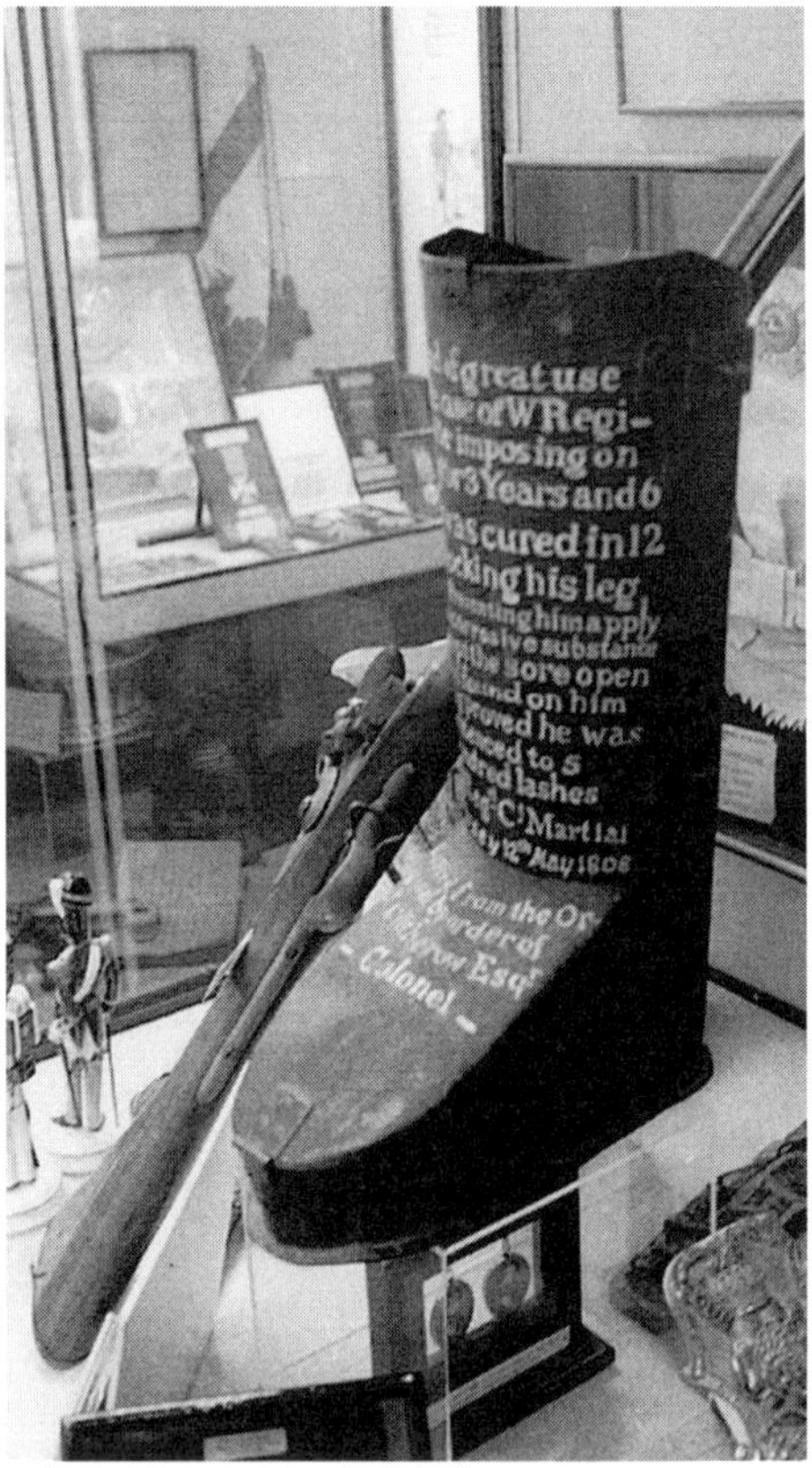

■仮病が使えなくなる鉄製長靴

で逃れようとした兵士と、それを許さない軍隊の厳しさが伝わってきます。ちなみに現在展示されている鉄製の長靴は複製品とのことです。

　この博物館に隣接する建物はホスピタル・ブロックと呼ばれています。十八世紀初頭に建築されたもので、当初は陸軍兵站部の将校用宿舎として使用されていましたが、やがてタワー守備隊の病院として用いられるようになり、その名前が現在も残っています。現在ではロンドン塔関係者の居住施設として使用されています。さらにそれに連なる煉瓦づくりの建物は陸軍兵站部の管轄下にあった軍需物資の保管庫として使用されていたもので新武器庫と呼ばれています。この建物は一六六三年から一六六四年にかけて建造されました。なお現在一部はレストランとして使用されています。

ホワイトタワー White Tower

ロンドン塔の中央にある四階建ての白亜の建物です。この塔の完成年次は明らかではありませんが、十二世紀頃には建てられていたと考えられています。一二四〇年に外壁に白色塗料を塗って以後、ホワイト・タワーと呼ばれています。以後も外壁などの改修改良が行われてきましたが、基本構造にはほとんど変化がないとのことです。創建当初はロンドン市内で最も高い建物でした。塔の頂上までの高さは二七メートルです。

横の階段から入ります。宝石展示場のある建物側の

■ホワイトタワー

↓ロンドン塔内

入口は閉じられています。本来の出入口は一つだけで、南側、地上一五フィート（約四・五メートル）の二階にあり、籠城に備えて取り外しできるはしごで出入りしていました。一階は武器や食料用の貯蔵庫でしたが、後には土牢や拷問室として使われました。二階は守備兵や使用人の宿舎、三階は食堂、礼拝堂、貴族の寝室、四階は王族の居室、会議室です。東北隅にある唯一の階段は、敵兵が攻め上ってきた時、守備兵が右手で武器を使えるように時計回りのらせん階段になっています。

二階から三階の吹き抜け部分にあるセント・ジョン礼拝堂は、中世には王族たちの結婚式が行われました。

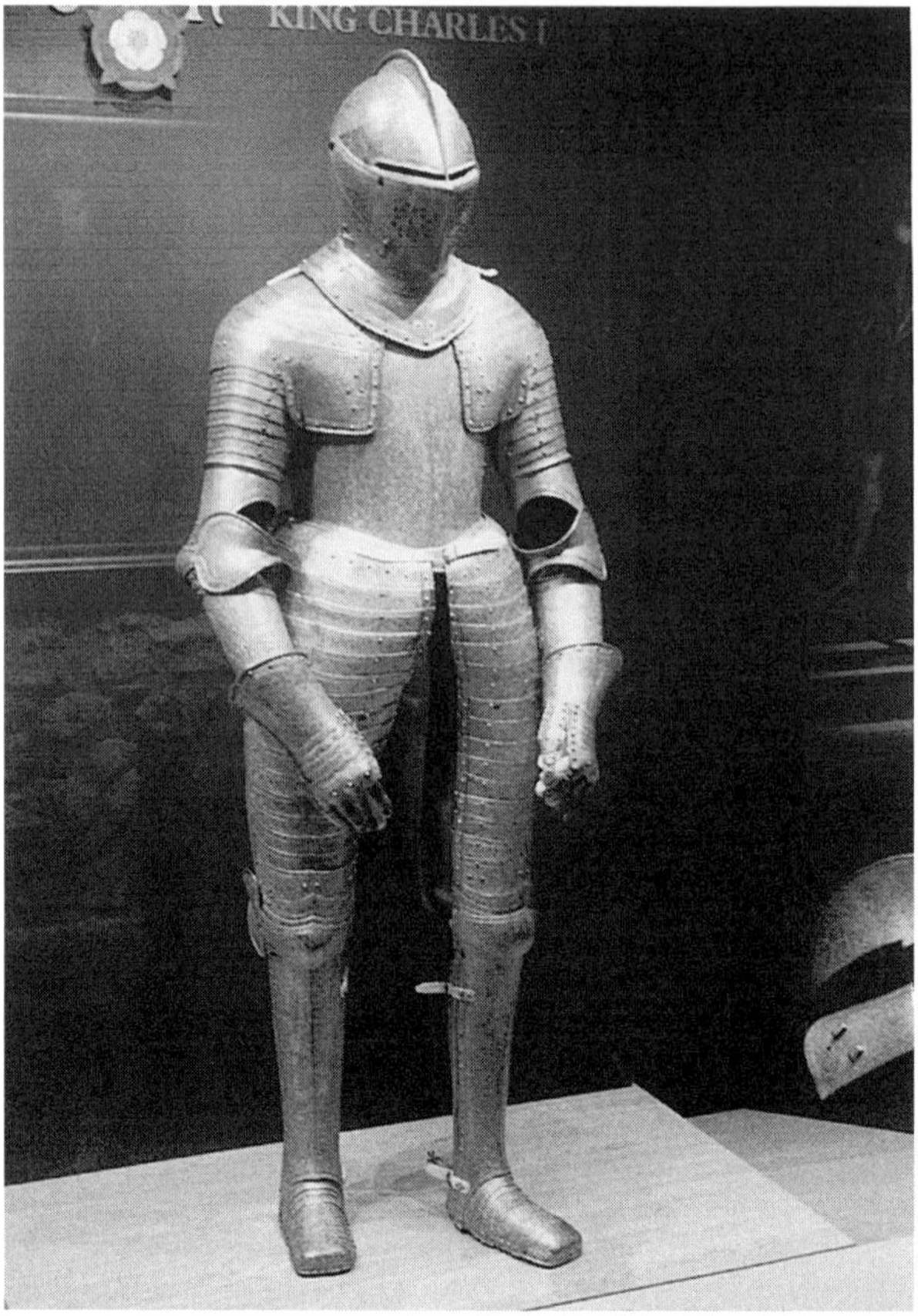

■中世の甲冑

展示コーナーは、建物の上層階から下層階へさがるように見学通路が設けられています。

イギリスで使用された中世以来のおびただしい量の刀剣、槍などの武器および甲冑、楯などの武具が展示されています。ヘンリー八世愛用の鎧は、子宝にめぐまれない女性観覧者が、その前当てにピンを刺して子宝を授かるように祈ったという伝説のあるものです。拷問具の展示も注目されるものの一つです。

このほかとくに眼を引いたのは鉄砲と大砲です。より強力で、より遠くの敵を倒す武器として戦争のたびに大きな発展を遂げてきました。弾丸も相手に大きなダメージを与えるものが求められ、展示品での最大の砲弾は直径五〇センチを超える球体のものがみられました。しかしこれを発射した大砲はここにはないようです。

■幾何学模様に展示された槍と鉄砲

■大砲と砲弾

展示されていた大砲の中で最も大きなものは、砲身の径が三〇センチ前後のもので、長さも五〇センチ程度でした。砲身には一六九二年の製作年が刻まれています。さらに中型のものや小型のものが集中して並べられている中には一七一九年の製作年が刻まれているものがありました。

出口の近くに展示室の半分ぐらいのスペースをとったミュージアムショップがあります。このショップで注意を引いたのは、壁面に並べられた商品、チョコレートやクッキー、キャンディなどの食料品でした。中央の円形の棚には、ワインやウィスキーが販売されており、それらのラベルにはロンドン塔がデザインされています。ヨーロッパではワインやウィスキーに観光地のラベルを貼ったものはあまり見かけません。食品でも、オーストリア、ザルツブルクのモーツァルトチョコレートなどオリジナルなものは珍しいと思います。さらに定番の案内ガイドや絵葉書、ポスター類など、マグカップやボールペンなどの小物類やTシャツ、スカーフなどの服飾品も置かれています。とくに眼を引いたのは、ロンドン塔の守衛の服装を着用した何とも愛らしい小さなテディベアーでした。

ロンドン帝国空軍博物館
Royal Air Force Museum London

⬇地下鉄コリンデール駅

ロンドンの中心部からは相当離れており、地下鉄の地域区分では市街地の外周部分の第四ゾーンになります。地下鉄の駅から博物館まではバス停一つ分ほどです。かつて飛行場のあった場所に一九七二年に開館した、イギリス空軍の歴史と航空機の発展過程をたどることができる博物館です。

さすがに飛行場の跡地というだけに広大な面積が博物館の用地となっています。建物も大きな体育館といってよいほどで、施設の前には第二次大戦中のイギリス軍飛行機の実物大模型が置かれています。主な展示コーナーは、「飛行機の発展」「爆撃機」「歴史的な飛行機の格納庫」「連合国の戦い（勝利）」「グレアム・ホワイトの工場」という五つで構成されています。

まず「飛行機の発展」のコーナーを見ましょう。ここにはムスタング、川崎ki100、モスキート、Bf109G、ジプシーモース、Me262、ハリアーという名だたる世界各国の戦闘機が展示されています。天井からはBleriotⅨ複葉機などが天井から吊り下げられています。ムスタング戦闘機はアメリカのデザインで、ロールスロイスのエンジンを搭載した一人乗りの飛行機でした。ドナルドダックの描かれたこのムスタングの操縦士は一九四四年十二月のクリスマスにわずか二十一歳で戦死したということが、添えられているパネルによってわかります。

メッサーシュミットMe262戦闘機はドイツのジェット機で、一九三〇年から一九四三年後半まで活躍しました。またタイフーンと名づけられたジェット戦闘機は最新鋭の戦闘機でイギリス、ドイツ、イタリアなどの協力で開発されたものです。これらの展示の一角に、有料ですが操縦体験ができる装置があります。

次は「爆撃機」のコーナーです。さすがに爆弾を搭載するだけあって戦闘機よりは

■帝国空軍博物館

■爆撃機の展示

■爆撃された工場のジオラマ

かなり大きく、圧倒されます。ここにはアヴロランカスター爆撃機のほかボーイングB17G爆撃機、B24爆撃機などの実物が展示されています。アヴロランカスターは双発エンジンを装備し、九九七九キロの爆弾を搭載することが可能な爆撃機で、第二次世界大戦で活躍しました。操縦席にも人形が乗っています。また展示室の一角では、爆撃された工場を復元したジオラマがあります。瓦礫と化した工場は暗く人影はなく、ただ破壊された水道管から流れ出る水音だけが室内に響いています。爆撃機と破壊された工場という加害者と被害者の両者を対照的に展示している点は注目されます。また戦時下の出撃前の打合せ風景もジオラマになっています。

このほか航空機の展示は、戦闘用ヘリコプターや小型のプロペラ練習機、ジェット練習機、試作機、グライダーなどが触れ合いそうなくらい詰め込まれています。またエンジンや主要機能についてもパネルや解体見本などでわかりやすく解説されています。順路の途中に非常用脱出装置の発展過程の展示がありました。

またわずかなスペースですが、現在就航している英国国際航空のジャンボジェット機の操縦席のジオラマが展示されていました。

長時間見学している間に、いつの間にか周囲には観客が増えていました。先生に引率されて多くの子供たちが見学に訪れていましたが、屈託ない笑顔の彼らが、将来このような飛行機に搭乗する時代がないように祈りつつ、博物館を離れました。

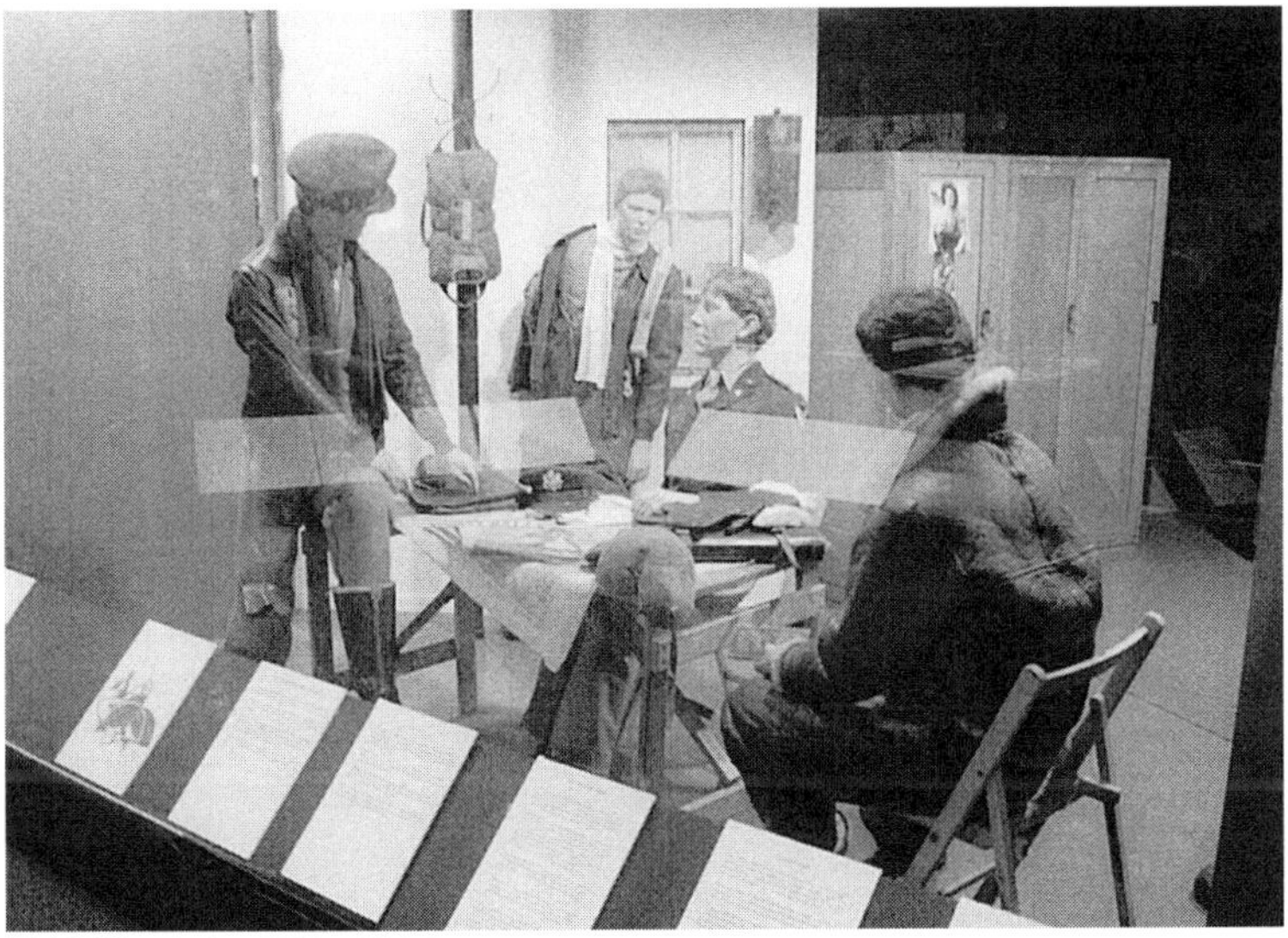
■出撃前の打合せ風景のジオラマ

HMSベルファスト号戦争博物館

HMS Belfast London's Floating Naval Museum

⬇地下鉄ロンドン・ブリッジ駅

　ロンドン・ブリッジ駅からテムズ川に沿って東に歩いていくと、川岸に係留されている軍艦が目に入ってきます。これが巡洋艦ベルファスト号です。ベルファストの名前は、この艦が建造された北アイルランドの地名に由来しています。一九三六年の建造になるこの巡洋艦は、第二次世界大戦、朝鮮戦争などで活躍した後一九六五年に現役を引退し、この地で戦争博物館の分館として内部が公開されています。

　岸側にある小さな建物にはチケット売り場とショップがあり、絵葉書やTシャツなどのミュージアムグッズが販売されています。受付を経て、長い桟橋をわたって艦内に入ります。巡洋艦は、戦艦の一種で戦艦と駆逐艦の中間に位置し、速力は戦艦より速く、耐波性、攻防能力は駆逐艦よりも優れているというものです。順路に従って内部に入ると、まず目に入ったのが、この艦がたどった経歴の証とも言うべき銅版でした。この艦の寄港地が地図で示されており、ほとんど世界中に寄港していることがわかります。

　艦内の各部屋は人形で当時の状態を再現しています。厨房では忙しく調理に励んでいる調理人の様子やたまねぎで涙が止まらない様子、また穀物倉庫ではねずみをくわえた猫などユーモアたっぷりに表現されています。売店では酒やタバコの販売が行われ、病院室では手術室の様子や病室、さらに歯科の病室ではあの歯を削るガーガー、ギーギーという機械のいやな音と患者の悲鳴がバックに流され臨場感充分です。

　エンジンルームは最も下層にあり、薄暗い光線と油臭い機械室の雰囲気は戦争映画で見たとおりでした。艦内は狭く急な階段を上下しなければならず、危険な箇所には通行禁止の看板がかけられていました。

　甲板に出ました。艦の側面を通って艦首に進みます。航海中であればたぶん大きな波を受けて揺れも激しかったのではと考えただけでも、船酔いしそうな気分になってきます。

　船首からはロンドン塔、タワー・ブリッジがよく見えます。後方を見ると艦長が指揮を執るメイン・ブリッジと不気味に上方へ突き出した三本の砲身が見えます。

■HMSベルファスト号

■寄港地を示すプレート

艦内の生活状況がよく理解できるように展示に工夫がされており、わかりやすい博物館であるといえます。おそらく実戦中には、筆舌に尽くしがたい多くの苦難があったと思います。しかしそれらの多くを語らず、ただ勇ましい姿を誇示しているのは戦争博物館の特徴のように思えます。

■前方甲板から見る

5 ファッション、嗜好・趣味に関する博物館

デザイン博物館
ブラマー紅茶とコーヒー博物館
宮廷衣装コレクション博物館
ウィンブルドン・ローン・テニス博物館

ヨーロッパ諸国のファッションは常に世界をリードしてきました。またイギリスは、ゴルフやラグビー、テニスというスポーツが伝統的に盛んであることも知られています。また、ウィスキー、紅茶やコーヒーという嗜好の分野でも世界をリードしてきた国の一つといえるでしょう。

ファッション、趣味・嗜好に関する博物館を集めてみました。

デザイン博物館

Design Museum

⬇地下鉄ロンドン・ブリッジ駅

ロンドン・ブリッジの中央から南東沿岸地域を見渡すと、かつての河川交易で栄えた当時の倉庫がいくつか残されています。タワー・ブリッジの下のテムズ川に沿った道を東に歩くと、道の両側に新しく現代的に建て替えられた倉庫も見られますが、かつてこの一帯が倉庫群であったことを髣髴とさせる風景が残されています。

この道の突き当たりのテムズ川沿いの白亜の建物がデザイン博物館です。一九八九年、ウォーターフロント開発計画の一環として、旧倉庫の建物群を大きく改造改築して開館した現代的建物です。

この博物館の創立者はデザイナーのジャスパー・コンランです。建物は外観内装共にかつての倉庫というイメージは全くありません。

受付は一階にあり、テムズ川に面した側にはコーヒーショップがあります。またミュージアムショップも

■デザイン博物館

■展示室

このフロアにありますが、ガイドブックは見当たりませんでした。デザイン博物館というだけあって、斬新なデザインの文房具や装飾品、ポストカード、ポスターなどが販売されていました。

四階では、一九八七年から二〇〇五年までのイギリスでのデザインの歴史をテーマにした展示です。椅子などの家具をはじめ、乗用車や自転車などのデザインの変化の歴史をたどれるようになっています。ここにはパソコンも置かれ、テレビゲームを楽しめるようになっていますが、実はこのゲームもデザインの歴史の一つとして置かれているものです。デザインといっても服飾や家具、さらには家屋や自動車、飛行機に至るまでさまざまな種類のものに及びます。その過去と現代を比較できる博物館です。

ブラマー紅茶とコーヒー博物館

Bramah Museum of Tea & Coffee

↓地下鉄ロンドン・ブリッジ駅

ロンドンの貿易品の中心は紅茶とコーヒーでした。輸入された品々はこの地にあった倉庫に集められた後、各地へ送られていました。そのゆかりの地にエドワード・ブラマーのコレクションをもとに一九五二年に設立されたのがこの博物館です。

博物館はサウスウォークロードに面して立つ薄緑色の五階建ての建物です。博物館の一階ではコーヒーショップが開業していますが、この店のすぐ前の小さな看板とショーウィンドウの表示で、ようやくここが博物館であることがわかります。ただ、ショーウィンドウの棚にコーヒーポットや紅茶のポットがたくさん展示されていますので、ただのコーヒーショップではないと気づかれるでしょう。

■ブラマー紅茶とコーヒー博物館

博物館は、このコーヒーショップの中にあります。一応テーマ別にコレクションが展示されているのですが、あまりにも量が多く、すっきりした展示であるとはいえません。しかし逆にここに並べられたコレクションから、ブラマー氏の情熱が感じとれます。

紅茶とコーヒーの交易や飲用の歴史などを写真や絵画パネルなどで解説しています。それぞれの産地や国での茶の習慣や特徴も紹介しており、その中には日本の茶の文化に関する紹介も見られます。イギリスと茶の関係は一六〇〇年東インド会社によってもたらされたのが始まりでした。

コーヒーも遅くとも一五〇〇年頃には飲用されていたそうです。イギリスではオックスフォードで最初のコーヒーハウスが一六五〇年に開店しています。

コーヒーショップでは、各種の茶やコーヒー豆が販売されており、あわせてガイドブックやコーヒー、紅茶に関する書籍、ポストカードなどが販売されていました。

■さまざまな色と形のポット

宮廷衣装コレクション博物館

The Royal Ceremonial Dress Collection

⬇地下鉄ハイストリート・ケンジントン駅

ケンジントン宮殿では、各部屋の内装の素晴らしさや豪華な調度品と宮廷衣装のコレクションの展示が主な見学内容になります。これらは大きく二つに区分されていますので、わかりやすいと思います。宮廷衣装コレクションは入口の近くにあります。入口で解説のイヤホーンを借りて見学するとよいでしょう。

イギリスの貴族にとって国王との謁見は、非常に名誉なことでありかつ重要な儀式です。そこで着装する衣装にもこまごまとした決まりがあったことがこれらの展示を通してわかりやすく説明されています。まず、王との謁見のための女性の準備風景があります。化粧台を前にして立つ女性は、これから宮殿での謁見に備えてドレスを着用するところです。傍らでは侍女が世話をしています。ここでマネキンが着用しているドレスは白色の絹地のものです。椅子にも衣装がかけられています。一方反対側のケースには男性の宮殿での正装姿のマネキンが見られます。この男性は大使を務めた貴族階級の人物のものです。女性とは異なり、厚い生地の装飾が多く施された服装は見るからに重厚な印象を受けます。ここでも侍従と見られる男性が、彼の正装着用の介添えをしています。いずれにしても、正装とは男女共に大変なものであることがわかります。たとえば男性の場合でも、下着のほかにいくつもの重ね着が必要でひとりでは着装できません。

展示室では、実物衣装を人形に着用させていますが、褪色（いろあせ）が懸念され照明は薄暗くしてあります。また一室では、当時の仕立て屋の店先の風景が再現されています。そこでは布見本を手にとって見ることができます。分厚い本仕立ての布見本帖や、衣装のデザインを載せた本などが置かれています。宮廷衣装のさまざまな変遷を見てきましたが、続いて、かつての住人であったダイアナ妃の衣装とその写真パネルが展示されています。

これらの展示から、宮廷という我々には想像できない社会の中で残されてきた伝統には衣装にもこまごまとした約束事が見られることが理解できます。日本の場合も皇室の行事などにそうした伝統が残されています。

ウィンブルドン・ローン・テニス博物館

Wimbledon Lawn Tennis Museum

⬇地下鉄サウス・フィールド駅

■ウィンブルドン・テニスコート

地下鉄の駅を降りて二つ目のバス停の前が博物館です。博物館はウィンブルドンの中央テニスコートに隣接して建設されています。

この博物館は一九七七年にウィンブルドン全英テニス選手権大会百周年を記念して建設されました。ウィンブルドンといえば全英選手権大会の会場として知られています。この大会の正式な名称は、ローン・テニス・チャンピオンシップス・オン・グラスです。またその会場となるセンターコートは年に一度、この大会にのみ使用されます。毎年六月下旬から二週間にわたって行われ、一八七七年に初めてシングルスの男子選手権大会が行われました。女子シングルス大会は一八八四年に開始されています。現在では男女ダブルスと混合ダブルス、さらにプロ選手の参加も一九六八年から認められるようになりました。

博物館にはテニスの歴史、ウィンブルドン大会の歴史、テニスウェアやラケットなどの用具などが展示されています。二〇〇六年三月現在、博物館はまもなくのリニューアル・オープンの準備のため閉鎖されています。

なお二〇〇六年四月の新聞報道によると、大会が始まって以来変更されていなかった審判員の服装が本年の大会から有名なデザイナーによって新たに作り直されることが決定したようです。選手の派手な目立つコスチュームに対して、伝統的で古風なブレザーの審判員の服装は大会の権威を高めているようにも思えるのですが……。

6 美術・彫刻に関する博物館

ナショナル・ギャラリー
テート・ブリテン・ギャラリー
テート・モダン・ギャラリー
コートールド協会ギャラリー
サーチ・ギャラリー

イギリスでは博物館とギャラリーを分けています。前者はいわゆる博物館で、後者は美術品を専門とする美術館です。美術館にはナショナル・ギャラリーやテート・ギャラリーのような大規模なものからコートールド・ギャラリーのようにこじんまりとしたものまでさまざまです。しかし所蔵される作品群は、世界的に著名なコレクションです。

美術作品は、美術史家や美術評論家によって評価はさまざまです。この項では、ご覧になる方に先入観を与えないよう、作品についての詳細な解説などは省きました。

ナショナル・ギャラリー
The National Gallery

⬇地下鉄チャリング・クロス駅

■ナショナル・ギャラリー

トラファルガー広場は、イギリスでもっとも知られた広場といえましょう。

広場の建設は、一八〇五年のトラファルガー海戦の勝利とこの海戦で死亡したネルソン提督を記念するための国民的事業として進められました。これによって地上五一メートルの円柱上に海に向かって立つネルソン提督記念像が一八四二年に完成しました。また広場の南端には十七世紀のピューリタン革命によって処刑されたチャールズ一世の騎馬像が処刑場となったホワイト・ホールのハンチング・ハウスを向いて建てられています。また広場の北東端には国王ジョージ四世の銅像があります。

また歴史的に見ても、この広場はデモの名所でもあったようです。広場の四隅に銅像用の台がありますが、西北の一台には、一九九〇年から毎年コンクールの優勝作品が載せられるようになっています。

ナショナル・ギャラリーはトラファルガー広場に面して建てられたイギリスを代表する美術専門博物館です。館内の見学をする前に、館の歴史について見ておきましょう。

一八二四年に成立したロイヤル・アカデミーは、本来教育機関でしたが、定期的に展覧会も開催していました。しかしアカデミーにはオールド・マスターと呼ばれるような、時代を経た名品は全く収蔵され

■トラファルガー広場

■ミュージアムショップ

ていませんでした。アカデミーでは「歴史画奨励のため絵画のナショナル・ギャラリーを設立する計画」を掲げて議会の説得をはじめました。一八二三年、発起人の一人であるジョージ・ボーモントは、展示と保存のための適切な建物が見つかればという条件付で、自らのコレクションを国家に寄贈することを約束します。このボーモントのコレクションには、ルーベンス、カナレットなどの作品が含まれていました。さらにホルウェル・カーからも同様の申し入れがあり、レンブラント「流れで水浴びをする女」などの作品がコレクションされます。

一八三四年にはジョン・ジュリアス・アンガー・スタインのオールド・コレクションが売りに出されたことや、オーストリアから戦債の支払いがあったことなどからようやく政府が動くことになりました。こうして設立にこぎつけたナショナル・ギャラリーは、当初はアンガースタインの邸宅に置かれていましたが、一八三八年にはトラファルガー・スクエアに建設されたロイヤル・アカデミーと同居します。その後、第二次世界大戦後、修復工事や増築工事を経ながら、一九七五年には北翼ギャラリーが、九一年にはセインズベリー館が完成しました。

現在、セインズベリー館は一二六〇〜一五一〇年、西翼ギャラリーは一五一〇〜一六〇〇年、北翼ギャラリーは一六〇〇〜一七〇〇年、東翼ギャラリーは一七〇〇〜一九二〇年の、それぞれ絵画作品を展示しています。ナショナル・ギャラリーは芸術家や専門家のためばかりでなく、広く一般に公開するための施設として設立されました。議会は子供たちにも入館を認めるべきであると主張し、現在もその方針は堅持されており、常設展示は無料で見学することができます。しかし館が独自の企画で行う特別展については、入場料金を別途徴収しています。

Tate Britain (Gallery)

テート・ブリテン(ギャラリー)

⬇地下鉄ピムリコ駅、ヴォクソール駅

ナショナル・ギャラリー同様、ロンドンというよりもイギリスを代表する美術専門の博物館です。テムズ川左岸に建てられたギリシャ神殿を思わせる重厚な建物です。牧師の子供として生を得たヘンリー・テートは、製糖業で莫大な財を成した人物でした。角砂糖の製造特許を得たことから富豪となったのです。テートは、美術品のコレクターでも有名な人物でした。彼は一八八九年、ナショナル・ギャラリーに自分のコレクションを寄贈するので展示スペースを提供してほしい旨の申し出をしていました。しかしこの申し出は却下されました。そこでテートは、一九九〇年に政府が用地を提供するというのであれば、自らの絵画コレクションと建物の建設資金を提供すると申し出ます。

一八九七年、テムズ川左岸のミルバンクに彼の寄贈した六七点のイギリス絵画をもとに、ナショナル・ギャラリーの分館として開館しました。やがて一九五五年に、イギリスのみならずヨーロッパ全域の近・現代美術を収蔵する博物館として独立します。

さらに二〇〇〇年五月には、テムズ川右岸のサザークの地に発電所を改築したテート・モダンが開館しました。この博物館は一九〇〇年以降の世界中の現代美術を収蔵展示する博物館です。この博物館の開館によって、二〇〇〇年三月からは、テート・ギャラリーは本来の設立の趣旨でもあった十六世紀以降のイギリス美術を展示するという原点に戻って「テート・ブリテン」と名称を改めて再出発をはかっています。

コレクションとしてはターナーの約二万点の

■テート・ブリテン

作品があり、イギリスの芸術作品を鑑賞できる中心施設としての役割を果たすものと期待されています。階段をあがってミルバンク入口から館に入ると、二階玄関ホールです。正面にインフォメーションカウンターがあります。その右手はミュージアムショップです。一階は特別展の会場、レストラン、コーヒーショップ、クロークで、とくに特別展示が行われていない期間は見学対象ではありません。二階は、常設コレクション、ターナーコレクションの展示コーナーと特別展の会場、三階は、印刷、素描画、ターナーの遺産というコーナーがあります。

作品鑑賞後はミュージアムショップに立ち寄って下さい。ここではガイドブックや展示されている作者についての専門書などが置かれています。さらに定番商品としてはポスターや絵葉書があります。Tシャツや折りたたみ傘、トランプなども販売されていました。訪問時に急に雨が降ってきたので折りたたみ傘を買いました。一〇〇〇円程度で、特価品という札が付いていました。傘には「テート・ブリテン」というロゴが印刷されており、軽いので帰国後も重宝しています。

Tate Modern (Gallery)

テート・モダン（ギャラリー）

↓地下鉄サザーク駅

■テート・モダン

テムズ川にかかる歩行者専用のミレニアム橋の南岸に高い塔が目立つ建物があります。これがテート・モダン・ギャラリーです。この博物館は、サザーク地区にあった廃棄された発電所を改装して利用したものです。『テート・モダン、ハンドブック』から博物館建物の歴史を見ることにしましょう。

バンクサイド発電所は、第二次世界大戦後にイギリ

■広々としたフロア

■展示室

スの建築家ジャイルズ・ギルバート・スコットによって建てられたもので、以来、ロンドン市内に電気を供給してきました。スコットは、この発電所のほかロンドン、パタンシーの発電所やリバプール、アングリカン大聖堂、さらにイギリスの街頭に見られた赤い電話ボックスの設計者でした。建物は赤い煉瓦、水平に広がる左右対称の構造、中央に高くそびえる方形の煙突という目立つ特徴があります。建物にはおしゃれなデザインの細長い窓が設けられています。

当然発電所としての機能を備えていたわけで、それらを取り除いて展示室に改造するという大工事が計画されました。設計コンペが行われ、世界中から著名な建築家を含む一五〇名近くの作品の応募があったようです。この結果、スイスの建築家ヘルツォーク＆ド・ムーロンの作品が採用されました。このようにしてマイケル・クレイグ＝マーチンのいう「テートが最初の段階から捜し求めていたもの――美術にとっての必要で最大の優先性が与えられる優れた建物――を文字通り実現」させたものとなったのです。このように見てくると展示作品よりも博物館建物の方により興味を持ってしまいます。

展示室はかなり明るく、展示品が見やすくなっています。またミュージアムショップも大きなブックショップを持っています。現代美術の参考書籍はここで捜すのが最も簡単ではないかと思わせます。もちろんポストカードやポスター、ガイドブックなどの定番商品の種類も多く見られました。

コートールド協会ギャラリー
The Courtauld Institute Gallery

⬇地下鉄テンプル駅

テムズ川に沿って建つ、サマセット・ハウスの一角にある絵画コレクションです。

このコレクション成立のきっかけは一九二二年、ロンドンの美術クラブでフランス美術展が開催されたことでした。この展覧会場を訪れたサミュエル・コートールドは、その中のセザンヌの作品に大きな衝撃を受けます。やがて彼は、セザンヌをはじめマネ、ルノワールという十九世紀印象派作品の名画を本格的に収集し始めました。さらに彼は印象派や後期印象派作品購入資金としてテート・ギャラリーに多額の寄付を行っています。

サミュエル・コートールドは、裕福な紡績業の家庭に生まれました。やがて彼は一九二九年、ロンドン大学内にイギリスで最初の美術史研究機関の設立を願い出ます。そして一九三二年には自らの居宅を大学付属のコートールド美術研究所として提供します。さらに一九五八年には、そのコレクションの公開を始めました。

このコートールド・ギャラリーは、しばらくはロンドン大学の一角にありましたが、一九八九年、現在のサマセット・ハウスに研究所と共に移転しました。

大学構内にあった時にも一度訪問したことがありましたが、サマセット・ハウスに移った後のギャラリーを訪問して妙になつかしさを感じました。大学内の時代とは異なり、展示スペースが広くなって見やすくなったようです。

展示室には印象派、後期印象派というヨーロッパ絵画を代表する作品が目白押しで、コートールドの絵画に対する見識眼の高さのほどが理解できます。

ミュージアムショップは、受付側とは反対側にあります。そこでは展示作品のジグソー・パズルやポスター、絵葉書などのほかボールペン、作品が印刷されたマグカップなどのグッズが販売されています。

■サーチ・ギャラリー

The Saatchi Gallery
サーチ・ギャラリー

↓地下鉄ウェストミンスター駅、ウォータールー駅

ウェストミンスター宮殿とはテムズ川を挟んで斜め対岸、南東に位置しています。この博物館の周囲にはロンドン水族館、ダリ・ユニバース、ロンドン・アイなどがあり、毎日多くの観光客が集まる地域です。テムズ川に沿って立つ伝統的な建物の一つにこのギャラリーが入っています。

この施設は現代芸術の作品を展示するギャラリーで、一九八五年に開館しました。現代芸術のうちとくに抽象的な芸術作品が多く見られます。現在二〇〇〇点以上の絵画コレクションがあります。建物は伝統的な古風な様式を持つもので、大理石の柱に支えられた重厚な内装が施されています。作品は各室に一点、多くても四点というように余裕を持ってゆったりと配置されています。目移りしないで鑑賞できるのも特徴でしょう。

その他の美術・彫刻に関する博物館

ダリ・ユニバース

Dali Universe ▼地下鉄ウェストミンスター駅

テムズ川に沿って建つサーチ・ギャラリーと同じ建物にあるダリの作品を集めた美術館です。館の前のテムズ川との間にある通路には、ダリの彫刻作品のブロンズ像が展示してあります。

クイーンズ・ギャラリー

Queen's Gallery ▼地下鉄グリーン・パーク駅

バッキンガム宮殿のかつての礼拝堂、温室を転用した小規模なギャラリーです。一九六二年に開館しました。女王のコレクションなどを展示しています。

■ダリの作品

7 偉大な個人を顕彰する博物館

ナイチンゲール博物館
ヘンデル・ハウス博物館
チャールズ・ディケンズ・ハウス博物館
ウォーレス・コレクション

世界中どこにも、社会に大きなインパクトを与えた偉人と呼ばれる人たちはいます。ここでは、その業績をたたえるための顕彰を目的に設置された博物館について見ていきます。

ナイチンゲール博物館

Florence Nightingale Museum

⬇地下鉄ウェストミンスター駅

■ナイチンゲール博物館

国会議事堂（ウェストミンスター宮殿）とテムズ川を挟んだ東側対岸にセント・トーマス病院という大きな病院が見えます。病院の北側にはロンドン水族館やダリ・ユニバース、さらにサーチ・ギャラリーなどの博物館施設があります。このセント・トーマス病院の駐車場の一角にナイチンゲール博物館があります。

博物館の入口は駐車場への入口とは異なっていますので注意が必要です。受付でプラスチックケースに入った日本語の館内案内を手渡されました。これは退出の際に返却しなければなりません。受付カウンターの右側から入場します。まず彼女の幼少期から始まり、「旅行」「神の啓示」へと続きます。幼少期ではナイチンゲールの子供時代の本、マイおばさんからのプレゼント、スケッチブックなどを見ることができます。

彼女は一八二〇年五月一二日にイタリアで生まれました。その生まれた地にちなんでフローレンスと名付けられました。フローレンスの父はケンブリッジ大学の出身で、姉のパーセノプとともに父の教育を受けて育ちました。文法、作文、歴史、音楽、ラテン語、ギリシャ語などを教えられ、さらに数学も独学で学びました。ケースには、彼女が学んだヘブライ語とドイツ語の本が展示されています。

一八三七年、フローレンスは神に仕えるようにというお告げがあったと信じていました。しかしその内容については彼女は何もわかっていませんでした。

一八四七年から四八年にかけて彼女はチャールズ・セリナブレースブリッジ夫妻とローマを訪れます。そこで彼女はシドニー・ハーベストとその妻エリザベスと知り合います。翌年彼女は同じグループでエジプト、ギリシャを旅し、ドイツを経由して帰国します。この旅行の帰途ドイツでは、修道院と病院が一体になっているカイゼルワースに滞在し、看護に対しての興味を強く持ったのです。

家族は彼女が看護婦になることを許しませんでした。やがて両親を説得し、一八五一年にはカイゼルワースに戻り三ヶ月の看護コースで学びます。一八五三年にはロンドンのハーレー・ストリートにある施設で指揮を執ります。一八五四年三月二八日、イギリスとフランスはトルコ支援のための戦争に参戦します。ロシアとのクリミア戦争です。この頃彼女はキングスカレッジ病院で働くかどうかを迷っている時期でもあったのです。

日夜、イギリス軍の悲惨な医療施設の状況についての報道がもたらされていました。軍の指揮官となったシドニー・ハーベストは、フローレンスに戦場で働く女性看護婦と共に指揮を執るように依頼しました。彼女は三八人の看護婦と共にスクタリに到着し、看護活動に従事します。次第に病院の状態の改善が行われるようになり、周囲の尊敬も集めるようになります。「クリミアに向けて」のコーナーはこの時期の展示で、看護婦としての誓約書、ナイチンゲールの薬棚などがあります。「クリミア戦争」「クリミアの兵士」「クリミアの看護婦」のコーナーでは、スクタリの野戦病院で働くナイチンゲールのジオラマ、クリミアでの軍のメダル、兵隊の水筒や皿など、さらに看護婦のエプロンや布製の袋、派遣された看護婦のリストなどが見られます。

やがて一八五六年にイギリスに帰国しますが、この頃にはナイチンゲールはイギリスでもっとも有名な看護婦となっていました。しかし彼女は名

■ナイチンゲールの業績

彼女の業績は、看護婦が女性にとって社会的地位を与えられる職業であることを認識させたことやイギリス国内の病院の状態の改善などがあります。一八六〇年には、ナイチンゲール基金によって集められた四万四千ポンドをもとにナイチンゲール看護学校がセント・トーマス病院内に設立されました。一八七一年にセント・トーマス病院は新装され、そのオープニングセレモニーが行われたことが、展示されている彼女への招待状でわかります。なお彼女は一生のうちで二〇〇冊以上の本、パンフレットなどをはじめ、一万三千通もの手紙を書いています。

声などには全く関心がなく、仕事に没頭していました。

一九一〇年八月一三日、ナイチンゲールは九〇歳の生涯を閉じました。彼女の先見性のある改革は現代医療に大きな影響をもたらし、彼女の残した書物は大切な資料として今日も使われています。

ナイチンゲールの名前は誰でも知っているのですが、彼女の業績の詳細は知られていません。この博物館は大きくはありませんが、彼女の残した偉大な遺産が詰まっているように感じました。館員の話では日本からも、毎年多くの看護師やそれを目指す人がここを訪ねてくるとのことでした。見学者が少なく閑散としていたためか、館の方と話すことができました。ナイチンゲールに対する尊敬の念の強さ、看護に対する熱意というものが伝わってきました。

ヘンデル・ハウス博物館
Handel House Museum

⬇地下鉄ボンド・ストリート駅

ヘンデルは、一六八五年に生まれ一七五九年に亡くなりますが、当初イタリアで、最期の五〇年間をロンドンで過ごしています。とくに一七二三年から死亡するまでの間、現在のブロック・ストリート二五番地に居住していました。ヘンデルが後半生を過ごしたイギリスでの住居が博物館になっています。表通りに面しているのですが、大商業地域ということもあって、入口は裏側にまわらねばなりません。わずかに赤く塗られたドアに「ヘンデル・ハウス入口は裏側へ」と小さく書いてあります。裏側から見た建物は表通りとは対照的に古風な建物の外観が残っており、博物館らしいポスター・ケースも設備されています。入口を入ると受付です。そこで入場料金を支払いエレベーターで三階まであがります。エレベーターを降りるとすぐにAVルームです。ここではヘンデルの一生、作品紹介などを一〇分程度のビデオで放映しています。テレビモニターの前に椅子が十脚ばかり置いてあり、そこで座っての鑑賞となります。先客が数人いましたが、皆年配の人たちで、行儀よく椅子に座って最後まで鑑賞しています。次に「ロンドンでのヘンデル」と題された展示室に入ります。部

■ヘンデル・ハウス博物館

屋には壁一面に肖像画が掲げられています。館のボランティアらしき人物から室内の絵画などについての説明が書かれた説明板が渡されます。渡し方がぶっきらぼうなので、何事かと身構えてしまいました。察するところ、この部屋の肖像画はヘンデルとその後援者であったジョージ一世と同時代の文化人であることがわかります。説明文は長文の英文で、内容が十分理解できなかったので早々に返却すると怪訝な顔で見られました。次の部屋でも同じく説明版が強制的に渡されました。親切はありがたいのですが……。

階段をおりた二階には、リハーサルや演奏が行われた最大の部屋があります。一七三〇年以来ヘンデルは、この場所を使用してリハーサルなどを行っていたものと考えられています。さらに続く部屋は音楽を専攻する学生や若い音楽家たちの演奏が行われるスペースです。訪問時には残念ながら音楽演奏などのライブはありませんでした。館の案内にはライブが時々行われており、自由に座って楽しんでくださいと書かれていました。

The Charles Dickens' House Museum
チャールズ・ディケンズ・ハウス博物館

↓地下鉄ラッセル・スクエア駅

大英博物館の北北東約七〇〇メートルのところにチャールズ・ディケンズを記念、顕彰するための博物館があります。通りから少し入った閑静な住宅地の中にありますが、抜け道らしく交通量も比較的多いところです。通りに面してわずかに博物館を示す小さな看板が設けられている程度で、うっかりすると見過ごしてしまうかもしれません。

■チャールズ・ディケンズ・ハウス博物館

ディケンズは、一八一二年に生まれ一八七〇年に死去したイギリスを代表する小説家の一人です。とくにイギリスの下層社会を描いた作品は世界的にも高く評価されています。

一八三七年三月頃に彼は妻キャサリンと共にこの家に引っ越してきました。彼は一八三六年四月に結婚し、この家では一八三九年暮れまでの二年半の新婚時代をすごしています。この間、一八三七年一月六日には最初の子供であるチャールズ・ギルフォード・ボズが生まれました。ディケンズは、一生涯この家で居住したわけではありませんが、今日ロンドン市内に残されている関連の家としては唯一のものです。一九二二年にこの家が取り壊されそうになりましたが、ディケンズ・フェローシップの努力によって買い取られ、博物館として一九二五年以降公開されています。

ディケンズは、この家で多くの作品を著していますが、とくに『ピクウィック・ペイパース』を完成させています。このほか『オリヴァー・ツィスト』『ニコラス・ニックルビー』などの一部も書いたとされています。

現在博物館には、自筆の書簡類、所持していた品々、原稿、机などの調度品などが展示されています。博物館は三フロアが展示室に当てられており、書斎、ダイニングルーム、寝室などに家具などの調度品が展示されています。また彼に関する図書も多く収蔵されており、小さな図書館という雰囲気の部屋となっています。

ウォーレス・コレクション
Wallace Collection

⬇地下鉄ボンド・ストリート駅

瀟洒な建物が見られる市街地の中にひときわ豪華で重厚な建物があります。これが十六世紀に建てられたマンチェスター公爵の邸宅を前身とするハートフォード公爵家の代々の邸宅でした。現在は、公爵家代々の家具などのコレクションとリチャード・ウォーレスの蒐集した絵画などのコレクションを展示しています。

ウォーレスは一八一八年に生まれましたが、生涯のほとんどをパリですごしたという社交界の花形でした。一八九〇年に死去しましたが、彼の膨大な絵画や工芸のコレクションは、彼の未亡人からイギリス国家に寄贈されました。その寄贈の条件は都心に保管、展示公開されるというものでした。やがて一九〇〇年六月二日にこの場所で博物館として公開されました。コレクションは、イギリス、フランスなどのヨーロッパ絵画をはじ

■調度品もそのまま

■展示室

■まるで小さな図書館

■ウォーレス・コレクション

め、フランスのセヴール焼や豪華な装飾を施されたイタリアなどの陶磁器、時計や机などの家具・調度品、ヨーロッパ及びオリエンタルの甲冑、刀剣など多様なものが見られます。とりわけヨーロッパ絵画には、フラゴナール、ブーシュなど十八世紀のフランス・ロココ芸術の作品が含まれています。

展示室は、かつての邸宅のまま家具や調度品が配置されており、貴族の邸宅の雰囲気を十分に味わうことができます。また絵画展示では、少々窮屈なほど壁面に絵画がかけられているため、目移りがしてしまいます。

また武器や武具のコレクションは、受付のあるグランドフロアにあります。

■展示室

そのほか考古学・民族学を知る博物館

ジョン・ソーンズ博物館
Sir John Soane's Museum

▼地下鉄ホルボーン駅

ジョン・ソーンズは十九世紀のイギリスを代表する建築家で、イングランド銀行の設計を行った人物です。一八三七年、彼のコレクションと共に国に寄贈され現在は博物館として公開されています。コレクションには絵画や建築の設計図などがあります。

8 珍しい博物館

シャーロック・ホームズ博物館
ポロック玩具博物館
劇場博物館
シェイクスピア・グローブ座博物館
扇博物館
クリンク牢獄博物館

ロンドンには探偵小説の主人公シャーロック・ホームズの博物館があります。全く架空の人物であるにもかかわらず小説中に登場する場所に設置された博物館です。シャーロキアンと呼ばれる世界中のシャーロック・ホームズファンからファンレターが届くというユニークな博物館でもあります。

このほかシェイクスピアを生んだお国柄らしい劇場博物館やおもちゃ博物館など珍しい博物館を集めてみました。

シャーロック・ホームズ博物館

The Sherlock Holmes Museum

⬇地下鉄ベイカー・ストリート駅

イギリスのコナン・ドイルの有名な探偵小説の主人公シャーロック・ホームズのテーマ博物館です。

この博物館が公開されたのは一九九〇年三月二七日とパンフレットにあります。このパンフレットにはこの家に入る前に自分がどのカテゴリーに入るかを自問してみてくださいと書かれています。カテゴリーとは、次の（a）から（c）までの三つがあります。パンフレットの文章を引用します。

（a）「シャーロック・ホームズのことは聞いたことがあるし、『バスカヴィル家の犬』だったか、ともかく、名の知れた話の一つ、二つは映画で見たことがある。でも、この偉大な名探偵のことをよく知っているわけではない」……こんなあなたなら、博物館に来られたのはちょっとした好奇心からでしょう。

（b）「シャーロック・ホームズのことはよく知っている。本はたいてい読んだし、テレビで放映されたホームズ物も全部見た。彼のことは本当に尊敬している」……こんなあなたは、彼の部屋を訪れて、想像していたとおりかどうか確かめたいというところでしょう。

（c）「ホームズに関することならまかせてほしい。自他共に認めるシャーロキアン。アーサー・コナン・ドイル卿の原作は全六〇話を読破・再読し、その他の作家による関連作品についても討論できる。ホームズを主人公に自ら書いた小説もなくはない」

■シャーロック・ホームズ博物館

■作品の一部を再現

私の場合はせいぜい（a）でしょう。もうかなり前に本を読み、テレビも見た記憶があるのですが、内容はほとんど覚えていません。この文を書くにあたってDVDと文庫本で「バスカヴィル家の犬」「シャーロック・ホームズの冒険」など数作品を見ました。パンフレットでは「皆さんがどのカテゴリーに入ろうと、博物館訪問が思い出深い体験となることは間違いありません」と続けられています。

熱心なシャーロキアンはともかく、私のような、ごく普通の人にとっても、まるでシャーロック・ホームズが実在したかのように思わせる不思議な博物館です。家具や室内装飾はテレビで見た通りでした。部屋に入ると否応なしに目に入ってくる、シャーロック・ホームズやワトソン博士などの人形も、テレビの俳優の顔とは少し異なっていましたが、親しみが持てるように思えました。小説の中に出てくる室内の様子を再現し、ホームズが書いた手紙まで置かれています。

一階の奥にミュージアムショップがあります。ここにはシャーロック・ホームズに関する品物がいろいろ揃えられています。陶器類をはじめ置物や人形、Tシャツ、ハンチング帽、トランプ、版画、書籍など実に多彩なものが販売されており、ここでの品定めも楽しいひと時になるでしょう。この博物館のオリジナルで、ここ以外では手に入らないものも多いとのことでした。

ちなみに、博物館に使用されている建物は一八六〇年から一九三四年まで下宿屋として登録されていたもので、当時の典型的な下宿屋の雰囲気を残しており、建物はイギリス政府から第二級重要文化財に指定されているとのことです。イギリス人のユーモア、あるいはシャーロキアンの凝り性もここまでやるかというのが正直な感想です。

■展示室

Pollock's Toy Museum
ポロック玩具博物館

⬇地下鉄グッジ・ストリート駅

■ポロック玩具博物館

大英博物館を出て地下鉄に乗って次の駅グッジ・ストリートで降ります。西にまっすぐな道路の一筋目を左に曲がると、緑色で一階の窓や周りに赤色のペンキが塗られた建物が見えます。これがポロック玩具博物館です。

この博物館は、紙芝居メーカーの大手ベンジャミン・ポロックの経営する商店であり作品展示場でした。博物館としての開館は一九五六年です。

建物は四階建てで、展示室は第一室から第六室までです。入口とショップを入れると八部屋ということになります。いずれの展示室も大きくはないのですが、ケースや壁面が隙間なく配置され、世界中の玩具類がぎっしりと詰め込まれています。

手前の建物から中に入ります。受付からすぐ狭い階段をあがると展示室です。展示室は、正方形の部屋で日本流に表現すれば八畳程度の広さで、中央の床面はカーペットが敷かれているものと板の間のフロアとがあります。

ここに集められているコレクションは世界各地に及んでおり、この分野では貴重なコレクションとなっています。とくにポロックの扱っていた紙芝居は充実しているようです。このほか人形の家、操り人形、ブリキ玩具、蝋細工、紙人形、木馬など材質や形状もいろいろな玩具が見られます。

順に見ていきましょう。まず右手にはアメリカのおもちゃがあります。とくにペンシルベニアでつくられた金属製の貯金箱が目を引きます。中には一八七五年の製作のものが見られます。ケース内には一八六七年製の日本の曲芸人形などがあります。このほか遠く中央アメリカや南アメリカの伝統的な民俗玩具の展示もあります。ブラジルやメキシコの簡単な玩具もあります。

階段を昇ると右手にはゲーム玩具があります。一九〇〇年製作のテーブルゲームもあります。

■ドールハウスの展示

■人形も窮屈そう

第一室では、第一次世界大戦時代の戦車の玩具があります。これはドイツで一九一〇年に作られたものです。このほか十九世紀の光学おもちゃが展示されています。一八三四年の回転覗き絵の画像はテレビや映画を予測させるものでした。一八六〇年の幻燈機や立体的な万華鏡などもコレクションされていますが、触わることはできませんでした。せめて万華鏡の文様でもパネルで表示してほしいものです。第二室の大きなケースには一九一四年～一九七〇年のイギリスのおもちゃが展示されています。三階の第三室には一八二二年製の古い蝋人形があり、片隅のケースには、ピクニックの様子を表現した約一九〇〇ものワックス人形が飾られています。食べ物の細部に至るまでまるで本物のように精巧につくられています。第四室には兵士の人形やテディベアーがあります。テディベアーの最も古いものは一九〇五年製で、ほかに一九〇六年、一九一〇年、一九二二年製のものがあります。また精巧な人形や家具、調度品のミニチュアが置かれたドールハウスも注目されます。これは十九世紀のフランスのマンションを表現したものです。

階段をおりると第五室です。ここには中国の人形などが展示されています。ティーカップセットも子供たちのおもちゃでは定番のものです。さらに階段を下りると第六室に向かう途中に西アフリカのおもちゃや戦争ゲーム、テレビゲームなどが展示されています。第六室はおもちゃ芸術のコーナーです。おもちゃに見る芸術性という意味でしょう。影絵や北海道土産の木彫りのクマ、日本の子どもたちの描いた絵画が展示されています。

受付と同じフロアの反対側に出てきました。そこはミュージアムショップでした。ポストカードやテディベアー、切り絵細工のおもちゃ、簡単な仕掛けのあるおもちゃなどが販売されていました。子供の頃にあった駄菓子屋の店先のような感じでした。

この館は、とくに博物館らしい工夫はしておらず、普通の民家を転用しただけのようです。照明などにも特別の配慮はなく、博物館に慣れている人にはちょっと違和感があるかもしれません。

■駄菓子屋のようなミュージアムショップ

Theatre Museum
劇場博物館

↓地下鉄レスター・スクエア駅

■劇場博物館

交通博物館から徒歩五分ぐらいのところにある劇場に関する博物館です。周囲には市場や劇場があり賑わっています。

一九七四年、ブリティシュ・シアター・ミュージアム協会が収集したアーヴィング・コレクションがヴィクトリア&アルバート博物館の一部門となりました。やがて一九八七年には、ヴィクトリア&アルバート博物館の別館として、現在のコヴェント・ガーデンの旧フラワーマーケットの建物に移転し開館したのです。かつて十九世紀にはこの界隈はスラム街でした。治安も風紀もよくなかったことから区画整理が行われ、ストランド、オールドウィッチ、さらにキングズウエイなどの幅の広い道路を開通させました。やがて街路の名前を冠した劇場が建てられていきました。コヴェント・ガーデンにはロイヤルオペラハウスがあり、他にもドルーリー・レーンなど由緒ある劇場が建ち並んでいます。

博物館の入口を入ると長いくだり坂の廊下を歩きます。まるで楽屋へいくような感覚になります。廊下にはブロードウェイ・ミュージカルの歴史や踊り子たちの写真パネルが壁面に掲げられています。やがてやや広い場所に出ます。ここには八一の座席があり、劇場としても使用することができます。

■下り坂の廊下

さらに展示は続き、舞台衣装や道具類が展示されていました。この博物館には演劇、ロック、オペラ、バレエ、マイム、奇術、サーカス、ポップ・ミュージックなど、舞台で行われるすべての芸術に関する資料が集められています。

主要なコレクションとしては、アーヴィング・コレクションのほかゲイブリエル・エンソーヴァンコレクションがあります。このコレクションは、一九二四年にヴィクトリア&アルバート博物館に寄贈されたポスター、プログラムのコレクションです。このほかリチャード・バックルのディアギレフ・ロシア・バレエ団の衣装コレクションがあります。

イギリスの演劇に関する知識があれば、この博物館は十分楽しめるところです。

シェイクスピア・グローブ座博物館

Shakespea's Globe Teatre Museum

⬇地下鉄サザーク駅、ロンドン・ブリッジ駅

テムズ川に沿って建つ独特な赤い配色の建物がシェイクスピア・グローブ座です。博物館は、この劇場の裏手にあります。地下鉄のサザーク、ロンドン・ブリッジ両駅の中間にあり、どちらから歩いてもほぼ同じ距離です。テート・モダンに立ち寄ってから向かうとすればサザーク駅、逆にクリンク牢獄博物館を経ての場合はロンドン・ブリッジ駅からの方が便利でしょう。

グローブ座のあるバンクサイド地域は十六世紀末から十七世紀初頭には、イギリス演劇の発展に重要な役割を果たしたロンドン市民の娯楽の場でした。シェイクスピア自身が活躍したというグローブ座の故地に復元さ

れたのが現在のグローブ座劇場です。博物館は一九七二年に開館しました。

館内の展示は、シェイクスピアを中心にした演劇に関するもので、中央フロアには舞台を模した大きなジオラマが設置されています。またケース内には劇場で用いられる衣装や小道具類をはじめ台本やチラシ、ポスターなどの展示が行われています。また舞台の装置の模型なども見ることができます。

劇場博物館とは、対象とする演劇の内容と時代が少々内容が異なっているように思えました。

■シェイクスピア・グローブ座（博物館はこの裏手にある）

■衣装・小道具の展示

■舞台の模型

扇博物館
The Fan Museum

↓ＤＬＲ線カティサーク駅

世界遺産に登録されているグリニッジの市街地にある、扇のみを対象にコレクションしている博物館です。カティサーク号が展示されているカティサーク公園から歩いて五分ほどのところにあります。ごく普通の住居の一部が博物館という感じです。赤い煉瓦の三階建てで、窓枠が白くイングランド特有といえる建物です。隣接する煉瓦建物の壁にファン・ミュージアムという表記があることから、ここが博物館であることがわかります。この博物館は一九九一年五月にヘレン・アレクサンダー女史によって開設されました。

■扇博物館

展示室は大きくはありませんが、さすがに扇のコレクションの量は半端ではありません。その多くがヨーロッパの扇ですが、一部日本の扇子もみられます。といってもこれらは扇面画として額に収められていますので少々見づらいように思えます。これらと同じ壁面に見られた扇の絵は、一八七八年パリ万国博覧会の当時を描いた朱単色の印刷と三色の作品です。その描いている風景は博覧会の会場の建物であったトロカデロ宮殿です。

このほかポール・ゴーギャンが風景を描いた扇面画やイタリアで一七五〇年に描かれた宗教画風のもの、江戸時代の団扇や象牙材に金蒔絵を施した江戸時代、一八六〇年の扇、鳥の羽で作られた扇など珍しいコレクションを見ることができます。

ちなみに、扇はヨーロッパの社交界で貴婦人が常に携えていなければならない重要な必需品でもあったのです。その理由は当時の着飾った衣装は重ね着であり、外気に触れないことがあったのです。このため相当暑く、扇で涼風を入れなければ我慢できないという切実な問題もあったようです。扇子といえば日本や中国と考えていた方はここのコレクションを見ると認識を新たにすること間違いありません。またここで初めて見たのですが、扇を置くための道具も見られました。宝石や金銀細工が施された豪華なものです。

この博物館の見学の後、宮殿や衣装を展示してある博物館に行くと、自然と扇に目が向いてしまいます。

■パリの風景画が描かれた扇

■豪華な細工が施されている扇と扇置き

The Clink Prison Museum
クリンク牢獄博物館

↓地下鉄ロンドン・ブリッジ駅

■クリンク牢獄博物館

ロンドン・ブリッジの下を越えてテムズ川に沿って少し歩くとビルの合間に帆船が見えます。これがゴールデン・ハインデ号です。これを過ぎるとまもなくウィンチェスター宮殿遺跡の廃墟が見えてきます。さらに歩くとクリンク牢獄博物館の案内看板が目に入ります。博物館の入口はこの看板とは逆の方向にあります。ロンドン・ブリッジ駅の傍らにあるロンドン・ダンジョンとよく似た雰囲気を漂わせています。

中世のイギリスの牢獄と拷問の歴史をまじめに展示している博物館ですが、まるでお化け屋敷にでも入るかのようです。リアルに作られた人形が、このクリンク牢獄内で行われていた凄惨な拷問の様子を再現しています。床にはわざと汚い雰囲気を出すためか木材の削りかすがばら撒かれています。暗い館内では、人形の表情にライトが当たっており不気味の一言に尽きます

展示されているのは、牢獄の中で使われていた拷問道具とそれを使用している状態のジオラマです。

ミュージアムショップがありましたが、ガイドブックのほかは購入意欲をそそられる品物はありませんでした。またショップの前の床には鎖や拘束具が置かれています。誰でも体験できるそうですが……。

■自由に体験（？）できる拘束具

そのほか考古学・民族学を知る博物館

ベスナル・グリーン子供博物館
Bethnal Green Museum of Childhood

▼地下鉄ベスナル・グリーン駅

ヴィクトリア&アルバート博物館の人形玩具部門です。十七世紀から現代までの四〇〇〇点以上の玩具のコレクションを持つ世界屈指の博物館です。一八五六年にヴィクトリア&アルバート博物館の分館としてサウス・ケンジントンにベスナル・グリーン博物館として設立されました。一八六〇年代の終わりに現在のところに移転し、一八七二年に開館しました。一八七四年から現在の名前が用いられています。二〇〇六年三月の時点では改修工事中でした。

帆船ゴールデン・ハインデ
Golden Hinde

▼地下鉄ロンドン・ブリッジ駅

ロンドン・ブリッジからほど近いテムズ川の岸に帆船が係留されています。厳密には岸に固定されているというべきなのでしょうが、まるで停泊しているようにも見えます。この帆船は、一五七七年から一五八〇年にかけて世界一周を果たしたフランシス・ドレイク卿が使用したゴールデン・ハインデ号です。この帆船は十六世紀のガレオン船で、世界一周を含めて一四〇〇〇〇マイルの航海をしました。ここで見ることができる帆船は、そのゴールデン・ハインデを忠実に復元されたものです。

マダムタッソー蝋人形館

Madomd Tussoud's ▼地下鉄ベーカー・ストリート駅

世界中の著名人や歴史上の人物などを蝋人形で等身大に復元し展示している施設です。タッソー夫人は、フランスの生まれで、パリで肖像画と型とりの方法を習得しました。とくにフランス革命の際、国民公会の命令によって処刑されたルイ十六世などのデスマスクを作成しました。その後結婚しましたが離婚、一八〇二年に息子と共にイギリスに渡り、やがて一八三五年に蝋人形館を設立し、一八八四年に現在の地に移りました。ロンドンの観光名所として、ロンドン市民のみならず世界中から観光客が訪れ、常に賑わっています。

ロンドン・ダンジョン

London Dungeon ▼地下鉄ロンドン・ブリッジ駅

ロンドン・ブリッジ駅の高架下にあります。外壁にたいまつが灯されているのですぐに場所はわかります。ダンジョンという言葉には地下牢という意味があります。怖いもの見たさの観光客が多く訪れています。

■ロンドン・ダンジョンの入口

9 ロンドン郊外の博物館

オックスフォード
アッシュモレアン博物館
オックスフォード博物館
オックスフォード科学史博物館
ケンブリッジ
フィッツウィリアム博物館
バース
バース寺院博物館
ロイヤル・クレッセント博物館
東アジア芸術博物館
バース郵便博物館
アセンブリー・ルームとコスチューム博物館
バース・ローマ浴場博物館
ソールズベリ
ストーン・ヘンジ

既に見てきたように、ロンドンには多くの博物館や歴史遺産があります。ロンドンから少し離れた（日帰りできる範囲ですが）郊外にもおもしろい博物館があります。

イギリスを代表する大学の街オックスフォードとケンブリッジ、世界遺産に登録されているバースとストーンヘンジを訪ねてみました。いずれもロンドンからオプショナル・バスツアーもあります。また鉄道でも一時間前後で行けます。車窓にはロンドン市内とは異なる田園地帯が広がり、列車の小旅行も結構楽しいものです。ただしロンドンの鉄道は、行き先によって出発駅が異なりますので注意してください。

オックスフォードを訪ねる

⬇ロンドン、パディントン駅から鉄道で約一時間

■ロンドン、パディントン駅

■オックスフォード市街

オックスフォードの町はテムズ川とチャーウェル川の合流する地域にある丘陵地帯に位置しています。町の成立の年代は明らかではありません。伝説では八世紀にサクソン人の王女フライズワイドが、ここに修道院を建てたといわれています。これが現在のクライスト・チャーチの起源であるとも伝えられています。

十二世紀に全ヨーロッパで学問復興運動が高まる中、パリ大学の影響を受けて教師ギルド型の大学としてオックスフォードに大学が誕生しました。既にいくつかの修道院が存在しており、それらが学問研究の拠点となっていたことが大学成立の素地となったのです。一一三二年頃バート・ブレーンが二代目教師として神学を、一一五〇年頃イタリア人教師のヴァカリウスがローマ法を講義したことが記録に残されています。やがて一一六二年頃パリ大学に学ぶイングランド人学生や教師が呼び戻されたことが実質的な大学の起源とされています。

十二世紀末頃までに大学の体制も整い、神学、教会法、ローマ法、教養学科の機能が備わり、十三世紀初めには教師の間から総長が選ばれました。学生は一三～一五歳で入学し、最初は市民の家に下宿しますが、やがて教師の家に下宿し、監督下におかれるようになります。ちなみにカレッジは学寮という意味があります。

十五世紀には学生数の減少など一時的な危機もありましたが、十六世紀以降順調に発展し、現在では四五の学寮があります。女子のみの学寮は一つで、ほかは共学で、男女比はほぼ三対二となっています。

オックスフォードは文字通り大学の町として発展してきたのです。

Ashmolean Museum

アッシュモレアン博物館

↓オックスフォード駅から徒歩

オックスフォードの駅前にはガイドツアー用に赤く塗られた二階建てバスとタクシーが客待ちの列を作っています。タクシーに市内の博物館まで行ってくれというと、あきれた口調で歩いて五分もかからないと言われたので歩くことにしました。駅を離れてしばらくはごく普通の田舎町という雰囲気でしたが、まもなく伝統的な歴史を感じさせる建物群が目に入ります。街並みを楽しみながら約一〇分歩くと、アッシュモレアン博物館に到着しました。受付で展示室の案内マップを受け取りました。

一八六三年開館という、イギリス最古の施設ですが、現在ではオックスフォード大学の付属博物館として公開されています。この博物館は、絵画や書物のコレクターであったジョン・トラデスカントの遺品を展示公開するために、彼の友人であったイライアス・アッシュモールが創設しました。

■アッシュモレアン博物館

受付カウンターの奥に美しい生け花が置かれています。さらに奥には中国の仏像がケースに入れられており、その両側にも生け花が置かれています。生け花の左手は日本の展示コーナーです。横長のケース内には縄文土器、埴輪という日本の考古学ではおなじみの出土品が並べられています。さらに、中国、アジアの展示コーナーへと続きます。

日本の展示品について少し見てみましょう。漆塗りの展示では根来塗の盤や瓶子、杯などがあります。独特な朱色の漆器は、中世に力を持っていた和歌山根来寺周辺で製作されたと考えられる製品で、寺院にいた多くの僧兵や関係者の暮らしの必需品として使用されていました。やがて織田信長による根来攻めなどによって壊滅的な状況となり、現在ではその技術や伝統は現地で見ることはできません。

十四世紀から十五世紀頃とされる薬師如来像などの仏像のほか、根付、鍔、小束、印籠などの小物類もまとめられています。甲冑は一領分のみケースに入れられていましたが、とくに特徴のあるものではないようでした。屏風も一双、ケース内に収められていましたが、残念ながら照明が充分でなく文様や構図もよくわからない状態でしたが、銘板から花草が描かれた十八世紀の作品であることがわかります。

■展示室

■中国の仏像。両側に花が飾られている

アジアのコーナーでは、小型の銅製の仏像がケースにぎっしりと並べられていました。中国の染付や木製の細かな花文様が彫刻された朱漆の盆、水墨画や彩色画、さらには中国の古銭も多く集められています。またチベットやインドの石製仏像彫刻、中央アジアの服飾品など多彩なコレクションがあります。しかし一貫したテーマ性のあるコレクションとは感じられませんでした。

ギリシャ・ローマに関係する作品も見ることができます。紀元前五世紀の彩色のあるギリシャの両耳壺や紀元前三二〇〇年頃の祭儀に使用された二頭の犬が描かれたパレット、九〇年から一一〇年頃の男のポートレートを描いた棺などのほか、ギリシャの金銀、銅のコインも多数集められています。

さらに古代の中近東、ローマ帝国時代、中世などのコレクションがありました。

ヨーロッパの絵画のコレクションでは、パオロ・ウッチェロが晩年に描いた「狩猟」が有名です。遠近法を充分に取り込んだ彼の描いた絵画作品は「サンロマーノの戦い」などで知られていますが、この作品ではさらに闇夜という効果的な場面設定を行っています。これによって狩猟に関係した人物の衣装や野原などの色彩効果を発揮させているのです。この作品はかつてメディチ家のカッソーネ（嫁入り道具入れの箱）に伴うものであったという説もあります。このほかルーベンス、ブリューゲル、コジモ、ピカソ、ゴッホなどのほか多数のデッサンなどもコレクションされています。

■ウッチェロ「狩猟」の展示

オックスフォード博物館
The Museum of Oxford

↓オックスフォード駅から徒歩

市立の博物館で、シティホールの中に設けられています。入口を入るとすぐに受付があり、入館料を支払い階段を下りると展示室です。まずはオックスフォードの先史時代のコーナーです。石斧、石槍、骨角器など考古資料が展示されています。

次はローマ時代のコーナーです。ここでも遺跡から出土した土器と鉄製品が並べられています。とくに注意

■オックスフォード博物館

を引くのは、ローマ時代の土器を焼くのに用いた窯を移築した展示です。燃料を燃やす焚き口と燃焼部、さらに土器を置いて焼いた焼成部から成り立っています。パン焼きの炉のようにも見えますが、内部に取り残しの土器のかけらが置かれており、土器の窯だとわかります。解説板には今から一七〇〇年前のものと表示されていました。

次は、キリスト教以降の文化、時代のコーナーです。ケース内には青銅器で作られた甲冑や剣、盾などの武器や武具が見られ、さらに糸つむぎのために用いられた紡錘車も並べられています。当時のオックスフォードの町の様子が、ジオラマで復元されており、見やすい展示となっています。

中世のコーナーでは、緑色の釉薬を施した陶器の壺、ピッチャーなどの容器が一〇点ばかりとタイルなど八点がケースに展示されていました。この時期に用いられていた陶器とタイルなのでしょう。

一三七九年に初めてカレッジが創建され、以来大学の町として発展し続けて現在に至るのですが、その大学が、当初は教会によって創立されたということは意外な感を持ちました。

受付の場所に戻り、横を通って階段を下りた左手にはミュージアムショップがあります。オックスフォードの歴史に関する書籍やポストカード、ロゴ入りのタオルなどが置かれていました。

Museum of the History of Science
オックスフォード科学史博物館

↓オックスフォード駅から徒歩

開館時間が十二時とは知らず、早く着いてしまいましたが、周辺の市街地の建物も伝統的なものばかりで、散策には快適なところです。

この博物館はオックスフォード大学の付属博物館です。建物は伝統的な歴史を感じさせる建物で、地下一階、地上二階が展示室となっています。受付の左手に簡単なショップと展示室、右手には展示室があります。このフロアの展示は概要を紹介したもので、ケース内には年代を経た測量機械などが置かれています。展示ケースは、幅が狭く透明で、どんな角度からでも見やすくなっています。

二階は、羅針盤や方位の計測を行う機材が展示の中心です。地球儀や天球儀などもこのコーナーにあります。また顕微鏡や化学実験の実験道具類なども整然とケース内に収められています。量的には少ないのですが、カメラ類も展示されています。いわゆるクラシックカメラから現代のカメラまで集められています。さすがにデジタルカメラは見られませんでした。

■オックスフォード科学史博物館

■展示室

階段中央にエレベーターがあるのですが、建物同様にかなりクラシックで使われていないようでした。階段をおりて地階の展示室へ向かいます。ここでは時計が集められています。いずれもぜんまい仕掛けのもので、大小さまざまなものが集められていましたが、特殊な仕掛けのある時計はないようです。陶磁器についても、釉薬の施された色彩豊かな陶器や染付と呼ばれる磁器が展示されていましたが、これもそれほど多くはありませんでした。

このほかオックスフォード市街地の入口には、オックスフォードとオックスフォード大学を構成するカレッジの歴史をジオラマなどを用いてわかりやすく解説しているオックスフォード・ストーリーという博物館類似施設もあります。

ケンブリッジを訪ねる

↓ロンドン、キングス・クロス駅から鉄道で約一時間

オックスフォードと並んでイギリスの大学都市として知られている町です。一二〇九年、地域住民との問題を起こしたオックスフォード大学の一部の教員と学生が、ここに移り住んだのがケンブリッジ大学の始まりです。最初に設立された学寮は一二八四年のピーターハウスで、続いて一三二六年のクレア、一三五二年のコーパス・クリスティ、一四四一年のキングス、一四四八年のクィーンズなど十五世紀の末までには一〇校の学寮が創立されています。

■ロンドン、キングス・クロス駅

この頃は、オックスフォード大学とは比較にならない段階でしたが、やがて十六世紀にオランダのヒューマニスト、エラスムスを招いたほか宗教改革のティンダル、カヴァデールなど指導的な新教徒や神学者を輩出し、一躍オックスフォード大学と肩を並べるようになりました。さらにパーカーやウィリアム・セシルなどエリザベス一世の重臣を多く出したことからも名声が高まりました。

十七世紀には数学教師としてニュートンが迎えられ国際的な名声も得ます。その後も改革がつづけられ、現在では三一の学寮があり、学生数は一万人余りを数え、女子学生が四割以上を占めています。

ケンブリッジの市街地にはケム川が流れており、その水面をバントと呼ばれる手漕ぎの小船が行き交う風景が見られるのどかな地域です。また市街地のあちこちには、歴史を感じさせる建物が軒を並べており、デザイン的にも

色彩的にも充分に楽しめるものばかりです。

なお駅から市街地までは少し離れています。市街地方面行きのバスで二つ目がフィッツウィリアム博物館の近くになります。また次の駅はパント船の乗り場になります。パント船で川遊びを考えられている方は、ここで下車するのがよいでしょう。また考古学博物館はここで下車して徒歩になります。このままバスに乗っていくと、町外れの戦没者墓地まで行ってしまいます。

■ケンブリッジ市街

■ケム川とパント船

フィッツウィリアム博物館
Fitzwilliam Museum

⬇ケンブリッジ駅からバス

駅からバスに乗って二つ目がフィッツウィリアム博物館に近いバス停になります。ここで降りてわずか数分で博物館です。

ケンブリッジの市街地の中心に近い部分にひときわ立派なローマスタイルの柱を伴った建物です。

この博物館はケンブリッジ大学付属博物館として一八一六年に創立されました。博物館の創立にはフィッツウィリアム子爵による遺産の寄贈が重要な役割を果たしました。

■フィッツウィリアム博物館

■ケンブリッジ民俗博物館

現在博物館には、芸術作品の素晴らしいコレクションと国際的にも重要な古代文明のさまざまなコレクションを所蔵しています。それらの中には古代の中東、ギリシャ、ローマ、キプロスなどの古代遺品とヨーロッパの土器やガラス製品、彫刻、甲冑のほか東洋の絵画や朝鮮陶磁器、コイン、メダルなどがコレクションされています。絵画にはレンブラントやバン・ダイクなどの絵画作品をはじめイギリスの芸術家の絵画についても作品が集められています。それらにはケインズ・ボロー、レイノルドなどが含まれており、二十世紀美術作品も多くコレクションされています。

このほかケンブリッジには、考古学博物館や動物学博物館など大学附属博物館が各大学の構内にあります。さらに町の北部には、民俗博物館があります。ここでは地域の民具などの民俗文化財をコレクションして公開しています。またジウイック博物館などのほか、市街地にはトリニティ・カレッジやキングス・カレッジの礼拝堂などの建物も一見の価値ある歴史遺産でしょう。

バースを訪ねる

↓ロンドン、パディントン駅から鉄道で約一時間三〇分

ロンドンの市街地を出るとまもなく一面の野原が続きます。野原といっても単なる原生地ではなく、立派に耕作された農地で、ところどころに牧草地もありのどかな田舎の風景が広がっていきます。

風呂を意味するバス(Bath)は地名でもあります。この町は西暦四三年頃のローマ時代に、ローマ人によって温泉保養地として開発されました。その当時作られた浴場では今もなお温泉が湧き出しています。ローマ時代以来、温泉がある土地柄から人々が各地から集まり、さまざまな文化や伝統が根付いています。たくさんの博物館施設や歴史文化遺産が残されています。

バース寺院博物館

Bath Abbey (Museum)

↓バース・スパ駅から徒歩

ローマ時代に開発されたバースの町には既に四世紀前半にはキリスト教徒が存在したことが確認されています。やがて六七六年にはキリスト教修道女の修道院がバースに建立されています。その後十一世紀の末頃にはノルマン人のジョン・デ・ヴィヴァラ司教によって司教の座をウエルズからバースに移し、新たにノルマン様式の大聖堂を建立しました。しかしこの大聖堂も一四九九年頃には荒廃しており、その聖堂を取り壊し新たに大僧院を建立し、現在に至っています。以後も何度も

■バース寺院

存亡の危機に遭遇しながら、修復を行ってきました。とくに一九四二年には第二次大戦中の爆撃によって重大な損傷を被りました。これらについても一九九一年から二〇〇〇年にわたっての大僧院の清掃と修復工事が行われ、同時にさまざまな文化遺産を展示公開する博物館「ヘリテージ・ヴォールト」が開設されました。とくに博物館は中世の修道士の居室や墓地の跡に建設されたもので、かつての時代の様子を再現したジオラマや遺物が見られます。

ロイヤル・クレッセント博物館

Royal Crescent Museum

↓バース・スパ駅から徒歩

ロイヤル・クレッセントは、バースの市街地の最も北側に位置します。バース・スパの駅からは二キロほどですが、坂道が多く相当な距離に感じます。とくに市街地の道が石敷きであることは歩行者にも自動車にもつらいものです。

ロイヤル・クレッセントは三〇軒の大邸宅から構成される半楕円形の建物です。高級リゾート地の賃貸マンションの集合体のようなものです。

■ロイヤル・クレッセント博物館入口

この建物は、ジョン・ウッドの設計によって一七六七年から一七七四年の間、七年の工事期間を経て完成しました。十八世紀都市建築の最高傑作で、合計一一四本のイオニア式の柱で飾られた半楕円形のテラスをもっており、バースにおけるパラディオ建築の精髄でもあるとされています。ロイヤル・クレッセントは、バースを訪れ、季節ごとに家を借り上げる富裕な名士たちや著名人の要求を満たす必要もあり、豪華で華麗な建物になったのかもしれません。

■ロイヤル・クレッセント

現在博物館として内部が公開されているナンバーワン・クレッセントの礎石は一七六七年に据えられました。この部分は一七六九年、トマス・ブルックに最初に賃貸されました。この豪華なマンションに居住した著名人は多くいますが、とくにジョージ三世の第二王子ヨーク公爵が、ナンバーワン・クレッセントを借りたという記録が残されています。玄関ホールや壁面には大理石をあしらった壁紙が張られていますが、これは十八世紀に流行したもので高価な大理石の代わりに用いられたものです。

建物内部は修復工事が施され、かつての繁栄した時代の状態に復元されています。食堂やホールなどの家具や調度品も当時の生活を髣髴とさせます。食堂の食卓には果物や料理が並べられています。一七九五年にロイヤル・クレッセントのために磁器産地のウスターの窯元が焼いた焼き物の一七九六年の日付の受領証が残されています。小麦を臼で挽くための動力として犬が、リスやハムスターのように車輪内で走るようになっている装置が復元されています。はたして狙い通りに動力が確保できたのかどうかは定かではありませんが、面白い装置でした。

書斎には十八世紀の家具などの調度品が配置され、床には一七三〇～一七九〇年に製作されたフランス製の絨毯が敷かれています。このほか寝室には、周囲を豪華な装飾で覆われたベッドや化粧台も置かれています。これらは各地からバースに保養にやってきた上層階層の人々で賑わっていた頃の歴史遺産といえましょう。

東アジア芸術博物館

The Museum of East Asian Art

⬇バース・スパ駅から徒歩

■東アジア芸術博物館

ロイヤル・クレッセントから坂道をわずかに下がると、ロータリーになっています。市街地方向に進むとロータリーに面するように博物館があります。とくに大きな表示が出ているわけでもないので見過ごすかもしれません。

中に入ると受付とミュージアムショップが同じフロアにあります。また現代の作品を集めた展示室もこのフロアにあり、やや雑然としているという印象を受けます。一階（日本風には二階）にはヒスイギャラリーがあります。中国はヒスイを中心とした玉器文化が栄えていましたが、ここでは玉類の細かな透かし彫りなどの細工を見ることができます。同じ階の金属製品のギャラリーには青銅製の鐘やエナメルの皿などの古美術作品が集められています。二階（同三階）は陶磁器の展示コーナーです。白磁や青磁、染付のほか原始時代の土器も展示されています。展示ケースは階段の踊り場にもあり、グランドフロアと一階の間には伊万里焼や染付の壺が、一階と二階の間には鶴が描かれた赤漆の箱などが収められています。

地階は日本と朝鮮のコレクションで、日本の蒔絵の箱や浮世絵などがあります。この階には小さな図書室もあります。ミュージアムショップでは、ガイドブックはありませんでしたが、ポストカードや衣類、扇子などアジアを連想させる品々が販売されていました。

Bath Postal Museum バース郵便博物館

↓バース・スパ駅から徒歩

■郵便博物館

バースの市街地のほぼ中心部にある博物館です。通りから見るとこの博物館は田舎町の古風な郵便局のように見えますが、実はこの施設はイギリス郵便史上で重要な役割を果たした郵便局だったのです。一八四〇年五月二日、切手を貼った世界最初の手紙が発送されたのがここにあった郵便局からでした。

博物館では、イギリスの国内郵便制度の改革に力を尽くしたラルフ・アレンについての資料の展示をはじめ、紀元前から現代に至る郵便の歴史を展示で紹介しています。ラルフ・アレンは一六九三年の生まれで、バース郵便局で働いていた頃、ジャコバイド反乱グループの手紙をウェイト将軍に報告し、暴動を未然に防いだ人物です。やがて若くして局長に出世したアレンは、郵便制度の改革に着手します。当時、郵便物はロンドンに集められそれから目的地に配達されていたのですが、これを改め、直接目的地に届くようにしました。これで大きな収入を得ます。やがてクーム丘陵の石灰岩採掘場を購入したり、新しい機械に投資したりします。

アレンは新しいバースの町づくりを望んでいました。その願望は建築家ジョン・ウッドにより実現しました。彼の邸宅はアレンの設計でバースの石を宣伝するかのように石切り場の近くに建てられました。

■展示室

The Assembly Rooms & Museum of Costume

アセンブリー・ルームとコスチューム博物館

⬇バース・スパ駅から徒歩

バースの市街地の整備が行われたのとほぼ同じくしてアセンブリー・ルームが建設されました。かつてこの建物では盛大な舞踏会が催されていたのでしょう。広い部屋にはシャンデリアが多く天井から吊るされており、絢爛豪華という表現がぴったりです。

地階にはコスチューム博物館があります。この博物館は一九六三年五月二三日、バース市に寄贈された衣装コレクションを中心にして開設されました。コレクションには十七世紀の衣装や手袋などの小物類、十八世紀、十九世紀前半、ヴィクトリア朝後半、二十世紀初期、大戦の前後、さらに現代のパンクファッションに至るまで多種多様なものが見られます。婦人服に限らず紳士、子供の服まで集められており、興味あるものとなっています。材質の多くがシルクであるため照明がかなり暗くされており、眼が慣れるまでよく見えないということもあります。しかしこれら貴重な資料の保存のためですからやむをえないでしょう。

■アセンブリー・ルームとコスチューム博物館

■アセンブリールーム

バース・ローマ浴場博物館

The Roman Bath (Bath Museum)

↓バース・スパ駅から徒歩

■ローマ浴場博物館

バースを象徴する文化遺産です。バース寺院に隣接しています。入口を入ると二階で、ちょうど浴場のプールを見下ろす廊下に出ます。周囲を巡って、階段を下りると博物館に出ます。ここはローマ時代からの浴場です。中央に大きな浴室があり、小型の浴室もいくつかあります。また今でも温泉が湧き出している様子が温水が流れ出る溝の部分で確認できます。温泉の浴槽はほぼ長方形で、温水は緑色をしてい浴槽の湯に手足を浸たさないようにという注意書きが随所に見えます。見るからに汚いのですます。恐らくカビか苔か何かが発生しているのでしょう。が、それでもあえて手足を突っ込む人がいるのでしょう。

バースは、伝説では紀元前八六三年にケルトの王子ブラドーによって建設されたとされています。やがてローマ人の侵攻によって、ローマ人が浴場と娯楽設備を備えた都市を建設しました。博物館は、一八八〇年にローマ浴場が発見され、その発掘調査で出土した遺物を展示するためにつくられました。

■温水は緑色

その他、バース市内には、ジョージ王朝時代のジョン・ウッドによる建築を紹介するバース建築博物館、十八世紀の科学者、音楽家ウィリアム・ハーシェルの家を公開したウィリアム・ハーシェル博物館、シドニー・プレジャー・ガーデンズの公的施設として建築された建物を利用し十九世紀のウィリアム・ホリバーン卿のコレクションを展示するホルバーン博物館などがあります。

⬇ロンドン、ウォータールー駅から鉄道で約一時間三〇分

ソールズベリを訪ねる

ストーン・ヘンジ

Stonehenge

ストーンヘンジのある場所は、やや小高くはなっていますが、一面の平原でした。羊の群れがのんびりと牧草を食べていました。駐車場や遺跡の周りの柵や歩道がなければ見過ごしてしまうかもしれません。ちなみにこの遺産は、個人の所有地であったのですが、一九一八年に国に寄贈されました。

ストーンヘンジは発掘調査の結果、紀元前三〇五〇年から一六〇〇年までの約一五〇〇年にわたる歴史を持っていることや、いくつかの段階に分けられることが明らかになりました。最初の段階は土手を周囲にめぐらせた円形の場所で部族の儀式用に使用されたと考えられています。第二段階は紀元前二九〇〇年から二六〇〇年頃で三〇〇年続きました。この時期には内部に木造構築物が作られました。第三段階は紀元前二六〇〇年頃で、遠距離から運ばれた巨石構造物が出現します。さらに三〇〇年前後にサーセン石のサークルが築造され、今日我々が見るような状態になりました。これらの環状列石が築造された目的は儀礼用であったことは疑えませんが、その儀礼がどのようなものであったのかについてはわかっていません。石の位置的な関係から夏至の日の出を意識した設定であるということが指摘されています。ガイドブックなどでは、ストーンヘンジの石材が三八五キロにも及ぶ距離を運ばれてきた謎について解説しています。また周囲から土坑の土掘り道具とみられる骨格器や石器などが発見されています。

■ストーン・ヘンジ

■ストーン・ヘンジの外周の石柱（ヒール・ストーン）

あとがき

パリからはじめた「ぶらり歩き博物館」のシリーズも既に三冊目となりました。

今回はイギリスの首都ロンドンにある博物館を訪ねました。イギリスとアイルランドの博物館や歴史遺産などを網羅的に紹介した書物に『Collections in Museums Galleries Historic Houses』があります。二〇〇四年現在で既に版を重ねており、三度の改訂が行われているものです。コンパクトな装丁で持ち運びに重宝する一冊です。内容は、その書名の示すとおりのもので、博物館、美術館、歴史的建造物などについて簡単な内容と住所、電話番号やメールアドレスなどの連絡先や、最寄り駅などが記載されています。もちろんこの本に載っていない施設もありますが、今回の訪問には有効に活用させていただきました。

ちなみに、この本によると考古学関係のコレクションを有する施設は対象地域で二四四、美術館は三〇一とあります。分類が重複しているものも多く、本書のように特徴的な分野に絞って分類すると数は減るのでしょうが、いずれにしてもその膨大なことに驚きます。ロンドンの中心部（セントラル・ロンドン）には四一、ロンドンの周辺（アウター・ロンドン）には三三施設が紹介されています。いずれ、すべてを訪ねたいと思っています。

まだまだ紹介したい博物館や展示物は多いのですが、紙幅の制約もあり、別の機会があれば書き漏らした内容などをまとめてみたいと考えています。

なお毎々ご迷惑をおかけしている芙蓉書房出版平澤公裕氏、共に博物館を訪ね、一部写真を提供いただいた冨加見泰彦氏はじめ諸氏の厚意に感謝いたします。

最後になりましたが、本書の記述に当たって訪問した各博物館のガイドブックをはじめ多くの先学の書物を参照させていただきました。ここに深く感謝の意を表します。

石井美樹子『ルネサンスの女王エリザベス』（朝日新聞社、二〇〇一年）
東田雅博『図像のなかの中国と日本』（山川出版社、一九九八年）
東田雅博『大英帝国のアジア・イメージ』（ミネルヴァ書房、一九九六年）
中村浩『博物館学で何がわかるか』（芙蓉書房出版、一九九九年）

蛭川久康、定松正、桜庭昌家、P・スノードン編著『ロンドン事典』（大修館書店、二〇〇二年）

松村赳、富田虎男編著『英米史辞典』（研究社、二〇〇〇年）

マージョリー・ケイギル『大英博物館のAからZまで』（日本語版）（大英博物館・ミュージアム図書、二〇〇〇年）

『大英博物館（日本語）』（改訂版）（大英博物館出版社、二〇〇五年）

エリカ・ラングミュア『ナショナルギャラリー・コンパニオン・ガイド』（増補・日本語版）（ナショナル・ギャラリー・ミュージアム図書、二〇〇四年）

イウォナ・ブラズウィック&サイモン・ウィルソン『テイト・モダン　ハンドブック』（日本語）（テイト・モダン、二〇〇二年）

サイモン・サーリーほか『The Tower of London』ガイドブック（日本語版）（ヒストリック・ロイヤル・パレス、一九九六年）

Dr Wesley Carr『ウェストミンスター寺院（日本語版）』（二〇〇四年）

Collections in Museums Galleries Historic Houses, Tomrrow's Guides LTD, 2004

John Cooper, National Portrait Gallery: *A Visitor's Guide*, National Portrait Gallery, 2000

The Gilbert Collection, The Gilbert Collection, 2000

Kensington Palace: The Official Guide Book

The Roman Baths At Bath: Authorised Guide Book, Bath Archeological, 1993

Royal Armouries Tower of London, Royal Armouries Museum, 2000

Imperial War Museum London

The Royal Regiment of Fusiliers, 1999

Maritime Greenwich, A World Heritage Site The Official Guide, 2002

A Guide to the Royal Observatory Greenwich, 2003

Inside the Science Museum, Board of Trustees of the Science Museum, 2001

Stacey Pierson, *Percival David Foundation of Chinese Art: A Guide to the Collection*

Treasures of The Fizwilliam Museum, Scala Publishers, 2005

HMS Belfast: A Branch of The Imperial War Museum, Visitor's Guide
St Margaret's Church Westminster Abbey
The Natural History Museum Souvenir Guide, The Natural History Museum London, 2004
Arthur MacGregor, *The Ashmolean Museum: A brif history of the Institution and its collections*, Ashmolean Museum Oxford, 2001
Museum Highlights, Museum London, 2003
The Bank of England £5 Note: a brief history, Bank of England, 2003
Guide Book: V&A, V&A Publications, 2004
The Fan Museum, The Fan Museum Trust, London, 2001
そのほか各博物館のガイドブックやパンフレット、旅行ガイドなどを参照させていただいた。

著者略歴

中村　浩（なかむら　ひろし）

1947年大阪府生まれ。1969年立命館大学文学部卒業、大阪府教育委員会文化財保護課をへて、1975年より大谷女子大学、現在大阪大谷大学（大谷女子大学から校名改称）文化財学科教授。博士（文学）

【主要編著書】

『陶邑』Ⅰ～Ⅲ（編著、大阪府教育委員会、1976～78年）、『和泉陶邑窯の研究』（柏書房、1981年）、『古墳文化の風景』（雄山閣出版、1989年）、『新訂・考古学で何がわかるか』（芙蓉書房出版、1999年）、『博物館学で何がわかるか』（芙蓉書房出版、1999年）、『概説・博物館学』（共著、芙蓉書房出版、2002年）、『ぶらりあるきパリの博物館』（芙蓉書房出版、2005年）、『ぶらりあるきウィーンの博物館』（芙蓉書房出版、2006年）

ぶらりあるき　**ロンドンの博物館**

2006年７月25日　第１刷発行

著者
中《なか》村《むら》　浩《ひろし》

発行所
芙蓉書房出版
（代表 平澤公裕）
〒113-0033　東京都文京区本郷3-3-13
TEL 03-3813-4466　FAX 03-3813-4615
http://www.fuyoshobo.co.jp

組版／PRISM　印刷／モリモト印刷　製本／協栄製本

ISBN4-8295-0379-3

【芙蓉書房出版の本】

ぶらりあるき
サンティアゴ巡礼の道

安田知子

A5判　本体 1,900円

世界三大キリスト教聖地の一つで世界遺産にも登録されている町、スペイン、サンティアゴ・デ・コンポステーラへの800キロの道を38日間で歩き通す。

★ホタテ貝の道しるべを見つけながら歩く
★１泊700円のアルベルゲは巡礼者だけの宿
★どんな小さな村にもバル（居酒屋）と教会がある
★飲み放題！　蛇口をひねるとワインが出てくる
★ガウディの斬新な建築に圧倒される
★サンティアゴの教会では毎日巡礼者のミサ
★大香炉（ボタフメイロ）を大きく揺らす圧巻の儀式………etc

1．サンティアゴ巡礼路とは——1000年の歴史のある道
巡礼の歴史／中世の巡礼者／サンティアゴ巡礼路との出会い……

2．ピレネー山脈を越えてスペインを歩く——サンティアゴまで800キロ
ナポレオン・ルートを歩く／バスク地方／「アルベルゲ」と「クレデンシャル」／道しるべは貝／ワインの泉／スペインのライフスタイル／アルベルゲには門限がある／スソとユソの修道院……

3．巡礼の日々にも慣れてくる
——あと500キロ
カスティーリャ平原を歩く／巡礼者と観光／スペインのバル／アキテーヌの道／自転車の巡礼者／レオンのパラドール／巡礼者のミサ／あるイタリア人巡礼者／オスピタレイロのお仕事／スピリチュアルとは……

4．雨と霧に包まれた巡礼路—あと200キロ
サモスの修道院／スペイン人とドイツ人／サンティアゴに到着／サンティアゴのカテドラル／聖なる門／巡礼証明書／サンティアゴはスタート地点／フィニステラ……